Karl Schöppe

Naumburgs Mundart

Karl Schöppe

Naumburgs Mundart

ISBN/EAN: 9783744641807

Hergestellt in Europa, USA, Kanada, Australien, Japan

Cover: Foto ©ninafisch / pixelio.de

Weitere Bücher finden Sie auf **www.hansebooks.com**

Naumburgs Mundart.

Im Umrisse dargestellt

von

Karl Schöppe.

Naumburg a. S.

Druck und Verlag von H. Sieling.

1893.

Vorwort.

Die nachfolgende Arbeit erschien zuerst im „Naumburger Kreisblatte" von 1892 und hat da unerwartet vielseitigen Beifall gefunden. Dieser Beifall war vielfach mit der Aufforderung zu einem Sonderabdrucke verbunden, den ich also hiermit der Oeffentlichkeit übergebe, indem ich zugleich darin zahlreiche Ergänzungen mit einfüge, die mir seitdem noch zugekommen sind.

Als ich anfing, mich mit dem Gedanken zu beschäftigen, die Eigentümlichkeiten unserer Naumburger Mundart zusammenhängend darzustellen, glaubte ich, der erste zu sein, der sich mit dieser Aufgabe beschäftigte. Inzwischen fand ich nun aber schon in dem Vorgänger des Kreisblattes, dem Naumburger Wochenblatte (1814, Nr. 27) einen Hinweis auf diesen Gegenstand, wobei freilich in ganz ungeschichtlicher Weise diese mundartlichen Eigentümlichkeiten als Verstümmelungen der Sprache der Gebildeten aufgefaßt und bekämpft werden. „Wie tönen wohl", sagt der Verfasser, „in einem nicht ganz verschlossenen Ohre folgende Sprecharten: kumm dach! gih wäk! hierschte nich! oder selbst in der Sprache der Höflichkeit der noch immer nicht ganz verbannte „kohrschamme Diener", den uns vor einiger Zeit unser Dichter und Sprachkenner Voß in einem öffentlichen Blatte vorwarf? Wie würde uns, wenn wir achtsam auf das Schöne

und Schickliche sein wollten, folgendes Gespräch gefallen? A.
Gutt grieß'ch, Nackber! B. Schünn Dank. Wu kimmt'r 'n här?
A. Dun Buttschter Marchte. B. Wu hat'r 'n de Kingerchen
gelasen? A. Se sin heeme bei der Mihme. B. Hat'r 'n veel
geleest? A. Ach, 's war nischt. Verkeefer satt, abber keene
Keefer. 's sin immer nach schlächte Zeiten. B. Ja, weeß Gutt,
mer denkt, 's is Friede, abber mer kimmt drum nich aus 'en
Plack un aus der Surge raus. — Man könnte ein ganzes
Wörterbuch solcher verderbter, recht eigentlich kauderwelscher
Ausdrücke und Wortformen zusammenschreiben und jeder würde
sich erinnern, sie nicht selten auch in besseren Gesellschaften gehört
zu haben. Wir erwähnen nur einiges: ich kamb, ich nahmb,
Sunne, Summer, Schtrimpe, Schtibbeln, beese Beene, loof hort'g,
's rähnt, gut ach 2c."

Soweit der Unbekannte (als den ich den damaligen Pfarrer
von Schönburg, Mende, einen geborenen Naumburger vermute),
der vielleicht derselbe ist, der einige Jahre später (Wochenblatt
1818, Nr. 26) folgende Bruchstücke von Gesprächen mitteilt:
„Aufs Mannsen ist sie wie der Teufel. — Kühn! Kooft Kühn!
— Ich wees nich, obs zwee geschlagen hat. — Ich hatte nur
een Vertel und den ha ich verkooft. — Ein Stücker sechse. —
Auf Merseburg. — Wenn mers ehn nich gäbn, da hotte nischt
zu beißen und zu brocken."

Weitere Betrachtungen, als daß diese „Verderbnis" bekämpft
werden und im übrigen an Stelle der Fremdwörter möglichst
„teutsche" Wörter treten müßten, knüpft der Verfasser nicht an
seine Mitteilungen. Man darf wohl annehmen, daß er es
weniger auf den städtischen, als auf den ländlichen Dialekt
abgesehen hatte, dem wohl auch obige Proben entstammen.
Ich meinerseits muß mir diesen weiteren Bereich unserer Mundart für eine spätere Bearbeitung vorbehalten, ebenso wie auch
Nachforschungen danach, welche dialektische Spuren sich in

Büchern und Urkunden früherer Jahrhunderte aus unserer Gegend finden.

So empfehle ich denn mein der Liebe zu unserer alten, guten Vaterstadt entsprungenes Büchlein dem wohlwollenden Urteile und der freundlichen Aufnahme meiner lieben Leser und Mitbürger!

Naumburg a. S., den 14. Juni 1895.

K. Sch.

Vorbemerkung.

Wennschon die von mir zur Darstellung der Mundart gewählte Rechtschreibung vielleicht manche Inkonsequenzen aufweisen wird, so wird doch, glaube ich, deren keine eine Ungewißheit über den gemeinten Laut aufkommen lassen. Im allgemeinen bemerke ich nur noch, daß ich ein Dehnungs-h nur da gesetzt habe, wo entweder die betonte Silbe dadurch gekennzeichnet werden sollte oder wo der Vokal selbst dann als lang gelten sollte, wenn ihm eine mehrfache Konsonanz (auch ch sch) folgte. — Das für j gebrauchte ch hat überall den sogen. ich-Laut.

Inhaltsverzeichnis.

Einleitung.

Wer von uns geborenen Naumburgern sich schon einmal in der Fremde bewegt hat, dem ist es wohl öfters widerfahren, daß er im Laufe der Unterhaltung von einem ihm sonst Unbekannten gefragt worden ist: „Sie sind gewiß aus Naumburg?" Und auf die verwunderte Gegenfrage: „Ja, kennen Sie mich denn?!" ist ihm dann erwidert worden: „Nun, das hört man doch gleich an der Sprache!" — In der That, wenn wir uns auch „so weit die deutsche Zunge klingt", als Glieder e i n e s Volkes fühlen und wenn wir auch alle die deutsche Sprache unsere Muttersprache nennen, so ist doch diese Sprache je nach dem Orte, wo unsere Wiege stand, ganz verschieden geartet, so zwar, daß schon durch die ganze Art und Weise, wie gesprochen wird, die Heimat des Sprechenden sich verrät. Nicht mit Unrecht sprechen wir daher von verschiedenen „Mundarten" der deutschen Sprache. Diese Mundarten kennzeichnen sich aber nicht bloß durch den eigenartigen Tonfall, die besondere Klangfarbe des Gesprochenen und seiner einzelnen Laute, sondern auch durch die Eigentümlichkeiten in der Bildung, Wahl, Anwendung und Verbindung der einzelnen Wörter — Eigentümlichkeiten, die oft von der sogen. Schrift- oder Schulsprache erheblich abweichen. Um dieser Abweichungen willen hat man die Mundarten lange als etwas Geringeres, ja Verächtliches angesehen, dessen man sich als eines Zeichens der Unbildung schämen müsse. Mit Unrecht. Sind doch gerade die Mundarten die lebendigen, auf dem Wege der natürlichen Entwickelung erwachsenen Kinder der gemeinsamen germanischen Muttersprache; ja eben das als „Sprache der Gebildeten" gepriesene „Neuhochdeutsch" ist selber nur eine Mundart, oder doch daraus entstanden, indem der Gang der Geschichte diese im Süden unseres Vaterlandes heimische Mundart an den Höfen und in den Kanzleien zur Herrschaft gelangen ließ, von wo sie dann durch das Mittel der Schrift und der Litteratur das äußere gemeinsame Band für alles das wurde, was sich in unserem Volke durch Denken und Empfinden innerlich eins fühlt. So hat allerdings die Bildung der Herrschaft dieser Mundart die Wege geebnet, aber sie würde diesen Sieg gewiß nicht errungen haben, wenn sie nicht, wo immer sie mit anderen Mundarten zusammentraf, aus diesen neue Nahrung, neue Reichtümer geschöpft hätte. Die Mundarten sind das Aeltere, Ursprüngliche, die Schulsprache ist das Jüngere, zum großen Teil das Gemachte. Luther ist vornehmlich ihr Vater, aber es ist kaum zwei Jahrhunderte her, daß sie das entschiedene Uebergewicht erlangt hat. Das entschiedene und das entscheidende — denn für die Einheit unseres Geisteslebens, für die Zusammenfassung unseres nationalen Empfindens unter den gemein=samen Begriff des Deutschtums war die Alleinherrschaft nicht nur e i n e r Sprache, sondern auch e i n e r Sprach f o r m von höchster Wichtigkeit. Aber wenn diese uns einigende Schulsprache nicht Gefahr laufen soll, zu erstarren, zur toten Sprache zu werden (wie das Lateinische im Verhältnis zu den romanischen Sprachen), so muß sie für das, was in den Mundarten wirklich lebenskräftig und zum Leben berechtigt ist, ein allezeit bereites und williges Aufnahme=vermögen haben; sie darf sich nicht von den Mundarten losreißen, denn hier sind die starken Wurzeln ihrer Kraft.

Diese hohe Bedeutung der Mundarten rechtfertigt es, daß man in neuerer Zeit ihnen mehr Aufmerksamkeit zugewendet hat, als sonst, und so wird man es wohl nicht als eine bloße Spielerei ansehen, wenn ich den Versuch mache, unsere Naumburger Mundart in ihren Eigenheiten kurz darzustellen. Es erscheint mir dies umso=mehr — auch aus sprachgeschichtlichen Gründen — am Platze, als manche Einflüsse wirksam sind, diese mundartlichen Eigenheiten zu verwischen. Die immer allgemeiner werdende und in immer breitere Volksschichten eindringende Schulbildung; die damit zusammen=hängende wachsende Neigung, sich mit der Schriftsprache in Buch und Zeitung zu beschäftigen; die ungeheure Verkehrserleichterung, welche die einzelnen Volksglieder mit früher kaum geahnter Leichtig=keit und Schnelligkeit durcheinander würfelt; die zunehmende Ge=wohnheit, dem Geschriebenen vor dem Gesprochenen den Vorzug zu geben — alles das trägt dazu bei, der Mundart den Boden abzugraben, oder doch sie in ihrer Reinheit zu trüben.

Das Nachstehende soll vorwiegend eine, nicht einmal erschöpfende, Stoffsammlung sein; was zur Erklärung oder Begründung hie und da eingestreut ist, will weder unfehlbar noch umfassend, sondern nur als gelegentliche Nebensache aufgefaßt sein.

Während unsere Schulsprache auf der Sprache Oberdeutschlands beruht, gehört unsere Naumburger Mundart zu den mittelbeutschen Dialekten und ist, wie es die Lage unserer Vaterstadt mit sich bringt, ein Gemisch der thüringischen und der obersächsisch-meißnischen. Bei dem bedeutenden Einflusse, den diese meißnisch-sächsische Sprache (durch Luther) auf die Ausbildung der hochdeutschen Schriftsprache hatte, ist es erklärlich, daß unsere Mundart nicht gar zu erheblich von der Schriftsprache abweicht, bei weitem nicht so erheblich, wie z. B. die allemanischen oder die niederdeutschen Mundarten. Uebrigens muß, wenn man auf Einzelheiten eingeht, die Mundart der Stadt Naumburg noch unterschieden werden von der ihrer bäuerlichen Umgebung, wo sich die älteren, ursprünglicheren Formen der Mundart noch reiner erhalten haben; ja es bestehen sogar merkliche Unterschiede zwischen der Sprache der inneren Stadt und der der Vorstädte, deren Bewohner vermöge ihrer vorwiegend landwirtschaftlichen Beschäftigung gleichsam einen Uebergang zu der ländlichen Bevölkerung bilden oder doch bildeten.

Die Laute.

a) Die Vokale.

Dieser Unterschied zwischen innerstädtischer und vorstädtischer Aussprache macht sich schon beim a geltend, das in der Vorstadt durch eine merkliche Beimischung von o gedämpft wird: oach, moal = ach, mal, aber auch sonst selten in voller, ungetrübter Reinheit erklingt. In den meisten Wörtern mit a ist dieser Vokal ursprünglich kurz gesprochen worden; jetzt freilich finden wir in der „gebildeten" Sprache diese Kürze nur noch dann, wenn dem a mehrere Konsonanten folgen (ja, auch da wird in Bart, zart ꝛc. schon gedehnt), sowie in einigen Einsilbern, wie „ab, am, an, das, hat, man, was — Bab, Glas, Gras, Rad, Tag, Trab." Mit Ausnahme von „Trab" werden indessen die hier aufgeführten Hauptwörter im Naumburgschen lang gesprochen; von den übrigen wird auch „an" gedehnt: „uff beine Ahnsicht gimmt gar nischt ahn!" Dagegen wird „nach", wenn es unbetont ist, kurz gesprochen, in Nachbar sogar als betonte Silbe: „Nachchb'r". Wie hier, verschwindet das a auch in anderen unbetonten Nebensilben: Breidch'n = Bräutigam, arweits'n = arbeitsam, genihchs'n = genügsam. Dafür wird das fremde Wort „Gas" zu „Gaff" verkürzt. Von dem Zeitworte „haben" (langes a) wird das kurzvokalige Hauptwort „der Hawwer" (Habsucht) abgeleitet. In „Rebbischen, Rewwinschen, wenn" und (vorst.) „werrlich" wird e statt a (Rabischen, Rapunzchen, wann, wahrlich) gesprochen.

Das ä spricht der Naumburger bald wie ä, bald wie e. Als kurzer Vokal nämlich wird es wie ä ausgesprochen, ausgenommen vor l, m, n, s, t: elber, Lemmer, Hende, Lenge, Bengge, Fesser, hedde = älter, Lämmer, Hände, Länge, Bänke, Fässer, hätte. In lang gesprochenen Wörtern hängt die Aussprache des ä davon ab, ob diese Wörter schon im Altdeutschen ein ä hatten — dann wird das ä auch heute noch wie ä gesprochen (Bär, Schwären von bêr,

swēr) — oder ob das ä der Umlaut von a ist — dann lautet es
wie eh: Zehne, grehm'n, nehn, ſchehlt, Ehre = Zähne, grämen,
nähen, ſchält, Aehre; nur „Stäbe, Nägel, Väter" behalten ihr ä.
Den Familiennamen Gläſer ſpricht daher der Naumburger „Gleſer"
aus und früher ſchrieb man ihn auch ſo; jetzt, wo unſere Recht-
ſchreibung mehr etymologiſch als phonetiſch iſt, iſt das ä wenigſtens in
der Schrift in ſeine Rechte getreten. Erwähnt ſei noch, daß „Schädel"
wie „Schäbbel" und „Städte" wie „Schbehde" geſprochen wird.

Die Ausſprache des r ſtimmt mit der ſchulmäßigen überein;
zu bemerken wäre höchſtens, daß das e da, wo es einen ä-ähnlichen
Klang haben muß, dies ä recht breit erklingen läßt: Schäre, be-
quäm, Bärch. In „Schemel" wird das e verkürzt: Schemmel.

Das i weicht nur als kurzer Laut und auch da nur vor r
von der Schulſprache ab, indem es hier wie geſchloſſenes e geſprochen wird: Berne, Gerſche, merſch = Birne, Kirſche, mir's.
Man muß hierbei unwillkürlich an das engliſche i in Wörtern wie
bird, first ꝛc. denken. „Hehrſchen" ſtatt „Hihrſchen" = Hirſen zu
ſagen, iſt vorſtädtiſch. Den e-Laut hat das kurze i auch in (vorſt.)
Renne = Rinne und (bäuriſch) Schbewwel = Stiefel. Die Wörter
„Kies" und „Stiefel" werden kurz geſprochen: Giſſ, Schbiwwel.

Eine ähnliche Ausſprache-Eigentümlichkeit bietet das kurze u.
Während es ſonſt, ebenſo wie auch das lange u, demſelben Laute
der Schriftſprache entſpricht, lautet es vor r wie o: Borch, dorch,
ſchnorren, Gorge = Burg, durch, ſchnurren, Gurke.

Umgekehrt wird das kurze o der Schriftſprache von uns wie
u geſprochen: Dulch, Luch, Uddo = Dolch, Loch, Otto, wobei
abermals die Wörter mit r eine Ausnahme machen, denn ſie wider-
ſtehen dieſem Lautwechſel (Horn, horch). Vereinzelt ſtehen „dach"
= doch und „Dahcht" = Docht (vor Luther daht, geſpr. bahcht);
die, die an dem Laute o feſthalten, dehnen ihn wenigſtens: Dohcht.
Auch die Naumburger Ausſprache von „Lorbeer" = „lorrw'r"
knüpft wieder an die mittelhochdeutſche „lohrb'r" (lörber) an.

Einen ähnlichen Einfluß wie bei i, u und o übt das r bei
ü aus, das ſonſt wie i lautet (Biſſe, Hihbe, fihr'n = Püſſe, Hüte,
führen), in kurzen Silben vor r aber wie e geſprochen wird: werrde,
Werme, Berſchbe = würde, Würmer, Bürſte. (Vergl. engliſch
fur, burn.)

Diese bemerkenswerte Einwirkung des r auf seinen begleitenden Vokal (i, ü = e; u, o = o) erinnert mich daran — ohne daß ich sie damit begründen will — daß im Gotischen das (aus vor= geschichtlichem a entstandene) e und o sich in i und u verwandelte, vor r aber dieser Wandel unterblieb. Das ö verflacht sich im Munde unserer Landsleute durchweg zu e : Helle, hehslich, Nehre = Hölle, höflich, Röhre.

Außer dem o der Schriftsprache kennt der Naumburger noch ein anderes o, das die Schule au schreibt und spricht. So sagen wir: lohsen, Lohp, Ohche statt laufen, Laub, Auge, weil nämlich das au dieser Wörter aus einem früheren ou entstanden ist (lousen, loup, ouge). Nur wenn das frühere ou am Ende oder vor einem andern Vokale stand oder wenn das au aus einem älteren a(w), u, iu entstanden ist, nur dann spricht auch der Naumburger au: Dau, Frauen, bauen, Haus, Raum, sauer, Glaue, gauen (tou, vrouwen, bûwen, hûs, rûm, sûr, klâwe, kiuwen). In „Schuffel" = Schaufel (vgl. niederländisch schoffel) hat sich wohl das u der mittelhochdeutschen Form schùvel erhalten.*) Ebenso erinnert „rehsen" = „raufen" an die mittelhochdeutsche Form röusen.

Dieses öu verhält sich nämlich zum ou wie unser äu zum au, und wie daher der Naumburger das aus ou entstandene au als o ausspricht, so spricht er das davon abgeleitete äu wie ö, d. h. wie e: Lehser, rehchern = Läufer, räuchern. Nur bei einigen dieser Art, wie Reiwer, leichtgleiwig (Räuber, leichtgläubig, jedoch: ahwerglehwisch) re. und bei allen, deren äu aus ù umgelautet ist, sprechen wir ei: Heißer, Teimling (Häuser, Däumling). Da sich für „träumen, zäumen, säumen" (b. h. nähen) im Mittelhochdeutschen neben tröumen**) re. auch troumen (also „traumen") findet, so spricht man in Naumburg noch jetzt: brohmen, zohmen, sohmen. Das alte iu entspricht eigentlich unserem äu, eu; nur bei wenigen Wörtern (kauen, krauen, brauen) wird es in unserer Schulsprache

---

*) Gschwend in seinem „Jtzlebenden Naumburg" von 1716 schreibt, daß ein Teil der Feuerwehr mit „Schuffeln" ausgerüstet war.

**) Hiermit ist vielleicht auch der Ausdruck: „dickbrem'sch" (verschlossenes, mürrisches, schläfriges Wesen), etwa = dickrömisch in Verbindung zu bringen, zumal wenn man dabei an das Wort „Drohmbuch" (Traumbuch = Schlaf= mütze, figürl.) denkt.

zu au; die Volkssprache dehnt aber diesen au-Laut auch auf „Gnauel, lauben, Raube, bauersch, Schbraugorp, haudch, Blauel" = „Knäuel, läuten, Räube, bäurisch, Spreukorb, häutig, Bleuel" (kniuwel, liuten, riude, spriu, hiutic, bliuwel) aus; ebenso „schlaubern, schbrauen" für schleudern, streuen. Diese Abneigung gegen den Umlaut finden wir auch beim ü: gemufft, nuhen, Vorchemehster, ich dorschte, ich worche, wuhbch, ruggen, Bubbe, ruren (auch roren) = gemüßt, nützen, Bürgermeister, ich dürste, ich würge, wütig, rücken, Bütte, das Feld rühren.

Die übrigen eu-Wörter sprechen wir mit ei: Leibe, nein = Leute, neun, wogegen das ei der Schulsprache bei uns eine doppelte Aussprache hat: Ist es aus i entstanden, so bleibt es ei: reif, entweichen, weiß (rip, wichen, wiz); stammt es aber von ei ab, so sprechen wir es e: Rehf, einwehchen, gemehne = Reif, einweichen, gemein. So erklärt es sich auch, daß der Naumburger „Weingarden" und „Wehbgarden" verschieden ausspricht (win = Wein, weit = Waid). Interessant ist in dieser Hinsicht der Familienname Wettber; noch das Naumburger Lehnbuch von 1733 nennt diese Familie „Weitberg", im Volksmunde lautete dieser Name Wetberg, dann verkürzte sich das „e" und das „g" fiel ab. In „Eimer und (vorstädt.) steinern, kleiner, reinlich" wird dies e außer= dem verkürzt: Emmer, schbennern,*) glenner, renblich. Bei „Eimer" erklärt sich dies wohl auch aus seiner Entstehung aus einbar = Eintrage (vgl. Bahre = Trage) gegenüber dem Zuber (zwibar = Zweitrage). — Die Neigung zur Vokalverkürzung ist überhaupt ein Kennzeichen des Vorstädters: Schbuwwe, Schbirwwel, Schirwwer= dafel, Fäbber, Läbber, Senne, Zibbel, Schemmel, himmne, brimmne, Schimmbehn = Stube, Stiefel, Schiefertafel, Feber, Leder, Sehne, Zwiebel, Schemel, hüben, drüben, Schienbein, dessen andere Aus= sprache „Schihnebehn" an die mittelhochdeutsche Form schinebein erinnert. Daß der Naumburger „geschbrihft = gestreift" sagt, kommt daher, daß das mittelh. sträufen noch eine seltenere Neben= form striefen hatte.

---

*) Daher der bekannte Spruch, mit dem man einen hohlen Zahn wegwirft: „Mäuschen, hier hast du 'nen bennernen (beinernen), gieb mir 'nen stennernen!"

b) Die Konsonanten.

Betrachten wir jetzt die Konsonanten im Munde des Naum=
burgers! Daß die weichen Schlußlaute am Wortende hart ge=
sprochen werden (auß, Leip, Lißt, Werk = aus, Leib, Lied,
Berg), ist nicht bloß unserm Dialekte, sondern unserer Sprache
überhaupt eigen; bloß das g verwandelt der Naumburger nicht
in k, sondern in ch: Dahch, Berch, der Wähch = Tag, Berg, Weg;
nur „mag", „Werg", „weg" werden „mahk", „Werk" und „wäck"
ausgesprochen (vorstäbt. auch „sagg, tragg, fragg, lahg" = „sack ꝛc.":
sacksen = sags ihm!). Und nicht nur am Ende, sondern auch in
der Mitte der Wörter geben wir dem g diesen ch-Laut (dähchlich,
sahchen, Lihchner = täglich, sagen, Lügner), sobaß der von der
Schule geforderte weiche k-Laut des g von uns nur im Anlaute
gebraucht wird; ja in der Redensart: „die Sache is in Change",
„m'r wull'n die Sache in Changk bringe" hat sogar das Anlaut=g
den Laut des ch (wie in „ich").

Uebrigens wird auch das j nicht mit der ihm gebührenden
Weiche, sondern ebenso scharf ausgesprochen wie ch in „ich":
cheder = jeder.

So wie eigentlich das g gesprochen werden sollte, als weichen
Kehlschlußlaut, spricht der Naumburger das k: Gerl, Ginstler,
baggen, Hagen = Kerl, Künstler, backen, Haken. Die Aussprache
„Marcht" für „Markt" erinnert vielleicht an ein Gesetz unserer
Sprache, das besagt: Beim Zusammentreffen mit t wird p, b zu f
(graben, Gruft), t, b zu st (laben, Last), k, g zu ch (mögen,
mochte); also wohl auch, als das lateinische mercatus sich zu dem
deutschen markat, market zusammenzog, zuletzt markt = Marcht.
Auch Kalk wird gesprochen: Galch (wie auch in Oberdeutschland:
Kalch, nach dem altd. calh). Hierher gehört auch die Redensart:
„sulchen Bulche (= Volke) glickts!"

Wie sich das k dialektisch zu g erweicht, so auch t und p zu
b und b: Dor, Baber, Baul, Dulbe = Thor, Pater, Paul, Tulpe.
Hiernach würde also „Raupen" wie „rauben" gesprochen werden
müssen; ein Mißverständnis kann daraus gleichwohl nicht entstehen,
weil b im Naumburgschen anders als in der Schulsprache lautet.
Folgt nämlich dem b ein Vokal, so wird es, auch wenn dieser Vokal
wieder ausgefallen ist, wie w gesprochen: Silwer, liwer, Erwe,

Nohwlesse, ohwrer = Silber, lieber, Erbe, Noblesse, obrer, und dieses w wird vor =en, =n zu m; sihmnder, erhahmner, rohmn, lihmn = siebenter, erhabner, rauben, lieben. Diese w=Aussprache des b, bezw. deren Wandel in m, unterscheidet scharf das b vom p; nur in dem Worte „Rippen" („du hebbsts uff'n Rimm'n) geht auch das p (b gesprochen) in m über — vielleicht, weil die verwandten Wörter der anderen germanischen Sprachen mit b geschrieben werden (niederdeutsch: „die Ribbe", vergl. auch „Rebe"). Jener w=Aussprache des b gab schon das Mittelhochdeutsche Ausdruck durch die Schreibweisen: varwe, gelwer, mürwe und witewe, an dessen b noch die Form „Wittib"*) erinnert. Ebenso ist wohl der Familienname Forwergk eine Folge dieser Verweichligung des w, denn im 17. Jahrhundert hieß der Name noch Forbergk.

Auch das f erweicht sich in der Naumburger Mundart in einigen Wörtern zu w: Schihwer= (vorstädt. Schiwwer-) dasel, Schdihwel (Schdiwwel), Deiwel, elwe, um zwelwe = Schiefertafel, Stiefel, Teufel, elf, zwölf. Das pf wird im Anlaute durch das f, im übrigen durch das p (d. h. das b) ersetzt: Fährt, Debberdopp, Gubber, Feil = Pferd, Töpfertopf, Kupfer, Pfeil. Diese hiesige Aussprache des pf bewog auch meinen Großvater, als er vor hundert Jahren hier einwanderte, seinen Namen Schöpfe in Schöppe umzuändern.

Wie in einem großen Teile Deutschlands, so spricht man auch bei uns in dem anlautenden sp, st das s wie sch; ja nach r wird sogar das bloße s zu sch: Fährsch, Mehrscheborch, mihrsch, Worscht = Vers, Merseburg, mir's, Wurst. (Bei „herrschen, Hirsch, Kirsche, birschen" wird diese Aussprache jetzt auch in der Schrift anerkannt, während man früher: hersen, hirz, kirse, burse, birsen schrieb.) Im übrigen spricht man das s unterschiedslos hart, sodaß „reisen" und „reißen" nur durch die verschiedene Vokalaussprache auseinander zu halten sind: rehßen — reißen.

---

*) Diese Rückbildung des w in b veranlaßt mich, eine von Herrn Dr. Doberenz mir mitgeteilte Vermutung über das Naumburger Wort Essengräubchen (Essenkehrer) zu erwähnen. Wie man im Mhd. den Teufel als helle-griuwel (Höllen-Greuel, =Schrecken) bezeichnete, so mögen wohl die Naumburger Kinder den „schwarzen Mann" esse-griuwel genannt haben; nachdem nun das iu in eu, das w in b sich verwandelt hatte, wurde das el, das man mißverständlich als Verkleinerungssilbe auffaßte, in „chen" geändert.

Das r entbehrt der Schärfe und hat einen gaumigen Klang, der vielfach dem ch sich nähert; in „mir" z. B. verschwindet das r fast und „Rache", „hart" klingen beinahe wie „Chache", „hacht".

Manchmal tritt für das r ein l ein: Balwihr, Mehrschel, Mormelguhchel, Siffel, Gannal'chenvohchel = Barbier, Mörser, Marmorkugel, Säufer, Kanarienvogel (ob auch „Schandbeckel" [Gendarm] für Schandbentdecker?)

Dagegen wird das l durch r ersetzt in Schrittschuhe, schubbern, schbärben = Schlittschuhe, schüttern (von schütteln), stülpen; in schborbeln, horblich (stolpern, holprich) werden r und l mit einander vertauscht und für Brunn(en) die nieberd. Form „Born" mit versetztem r gebraucht. In „Mauschelle" fällt das l aus Bequemlichkeit aus (vgl. Drahgorp, Schbaubäßen = Tragkorb, Staubbesen); in „Blumbe" = Pumpe wird ein l mit Unrecht eingeschalten, ein „Discher" = Tischler mit Fug weggelassen.

„Fordern" verlor später das ursprüngliche r seiner Hauptsilbe (daher noch im vorigen Jahrhundert: fodern); es bekam dann das r zurück, der Naumburger spricht aber noch immer „fodern".

Das n geht vor f in m über: umverhofft, fimfe, Hamf; bei „Vernumft, Ahnggumft" ꝛc. entspricht diese Aussprache auch der Ableitung von „vernehmen, ankommen". Auch vor f, m und w neigt das n oft zu einem sanften m: „das gamm Winder währn ersch ferbch is," „da gamm Michehle rahnggomme", „da simm'r", „gähm Se her", „Se nähm Wein" = das kann Winter werden, ehe's fertig ist; da kann Michaelis herankommen; da sind wir: geben Sie her; Sie nehmen Wein. Vor ng wird das n zu ng: einggeladen, unggebulbch. Nach m fällt das n ganz weg: gubb'n ahmd, m'r hahm gegrahm = guten Abend, wir haben gegraben. Den echten Naumburger kann man namentlich daran erkennen, daß er das n des reinen Infinitivs nicht mit spricht: lerne ersch richtch schbreche! = sprechen. Wie „empor" aus einer früheren Form entbor entstand und wie schon das Mhd. enbern schrieb, so spricht auch der Naumburger: embährn = entbehren.

Im ng klingt am Schlusse der Wörter oder vor Konsonanten nicht bloß das n (nasal, wie in Engel), sondern auch das g (als weiches k) also: Fingkften, Glangk. — Jungfer lautet: Chumfer.

Das d wird in „werden = währn" und „ordentlich =

ornblich" ausgelassen, in der Vorstadt auch noch in einigen andern
r=Wörtern: uff b'r Ähre, mit für Fähr'n = auf der Erde, mit
vier Pferden. Auch nach l fällt es zuweilen weg: Mulle, Melle,
Dolle, Gallaunen, Gallschale = Mulde, Melde, Tolbe, Kaldaunen,
Kaltschale. Zugesetzt dagegen wird das b bei renblich = reinlich.
Das aus- und inlautende h vergröbert sich mundartlich zuweilen
zu ch: sichche, die hohche Babbel mit der rauchen Rinde! Es erinnert
dies daran, daß im Alt= und Mittelhochdeutschen das h einen
zwischen h und ch liegenden Klang hatte, daher man auch schuoch,
rûch ꝛc. schrieb (Schuh, rauh, vgl. „Rauchwaren, Rauchfrost, rauch-
gar"). In einigen Wörtern verhärtet sich das ch weiter zu k:
Schuk, Flok, e' sak, gek, buck = Schuh, Floh, er sah, geh, thu.
(Letzteres gehört hierher, weil sein h als Dehnungszeichen eigentlich hinter dem u stehen müßte.)
Das ch verschwindet nicht bloß bei Deichsel = Delstel, sondern
auch in Drechsler; wenigstens sprach man vor 70, 100 Jahren
noch „Dräßler", und ein früherer Besitzer der Marktapotheke hieß
zwar Dr. Drechsler, seine Vorfahren schrieben sich aber Dreßler.

Die Wörter.
Geschlechts= und Hauptwörter.

Nach dieser Erörterung der einzelnen Laute wende ich mich
zu einer Betrachtung der Wortklassen, soweit diese in der Formen-
bildung, in Lauteigenheiten oder in der Anwendung besonderer Wörter
und im syntaktischen Gefüge von der Schulvorschrift abweichen.
Die Formen des Geschlechtswortes lauten: b'r = der.
be = die. 's = das. b'n, in oder 'n = dem, den. e (kurz,
dumpf) = ein, einem, einen. enne = eine, enner = einer. Der
Genetiv ist hier nicht berücksichtigt, weil es einen eigentlichen
Genetiv in unserem Dialekte nicht giebt; dafür wendet man einen
besitzanzeigenden Dativ oder eine Umschreibung mit „von" an: inn
Gehn(i)che sei Dron; enner Frau ihre Ginder; d'n Baster seine
Brehdcht; 'n Leiden ihre Menungk; de Blebder vonn 'n Bemen
währn schone derre = der Thron des Königs, die Kinder einer
Frau, die Predigt des Pastors usw. Der in der Schriftsprache

immer mehr um sich greifende Unfug, das Dativ=e auszulassen, ist dem Naumburger noch fremd; er sagt ganz richtig: bein Rade, ing Gesetze, 'n Gehniche und nicht: beim Rat, im Gesetz, dem König, sogar ing Grahmne = im Graben. Dagegen wird durch die Verkürzung des Artikels dessen Zusammenziehung mit Verhältnis= wörtern begünstigt und so hört man allgemein, was früher selbst in Urkunden nichts seltenes war: nachm Brande, uffn oder uffm Weingarten.

Unter den H a u p t w ö r t e r n weichen einige im Geschlechte von der Schulsprache ab: der Bacht = die Pacht, das Pachtgeld (für die kleinen Kartoffelfelder „der Grautzins" genannt); der Fleck und das Flecke; der (Vogel=) Bauer; der (statt die) Garbuffel; die (statt der) Hausflur; das (statt der) Gahn; die Hare (statt das Haar: da hawwich enne Hare drinne gefunden); die Graue (statt das Grauen: da gennte ehn de Graue ahnggehe = da möchte einen ein Grauen befallen); der Blad = die Plage; die Worwel = der Kopfwirbel; die Gnubbe = der Knauf, auch die Knospe; das Dehl = der (An=) Teil (aber der Dehl = Abteil); der Dabum; der Bolga (= die Polka); der (Exahm(n); der Gefalle = die Ge= fälligkeit; der Gefallen = das (Wohl=) Gefallen: das is mir gar geh Gefalle; da habb e' ehmal sein'n Gefallen drahn. (Übrigens ist „der Gefalle" und auch das bei uns vorherrschende „der Schade, der Funke, der Haufe" besser und richtiger als die in der Schrift gebräuchlichen Formen mit =en, denn diese haben alle ihr n erst in der Neuzeit angenommen und wurden früher wie „Hase" dekliniert.) In bestimmten Redensarten: das Wechsel (bei Schdrimben muss m'r 's Wechsel hamm); die Wähche (st. der Weg: geht deiner Wähche! Das is m'r in b'r Wähche). Hier erwähne ich auch die verallgemeinernde Zusammenfassung der Geschlechter im Neu= trum in der Redensart „e' Armes (= arme Leute) frißt alles." (Vgl. Lessing: Mag das Armut sehen, wie es fertig wird!) Auch das Naumburger „die Schadde" = der Schatten gehört hierher, denn schon im Mittelhochdeutschen heißt es die (häufiger freilich der) schate. „Gefalle" für „Gefälligkeit" zu sagen, erinnert an die leider immermehr zunehmende Neigung, durch Bildungen mit =heit und =keit unserer Sprache des Gedankens Blässe anzukränkeln; wir sagen: Schönheit, Steilheit, Kleinheit, wo unsere Vorväter die kräftigeren, gedrungneren Formen „Schöne, Steile, Kleine" (vgl.

Größe) gebrauchten. Ähnlich „die Gebrehde": ein breites, aus-
gedehntes Saatstück.

Der Auslaut wird verstärkt in „Gärbst, Grehbst, Lohst
(lousst), Backt, Ruhst, Gorx, Wanzche, Wahrzche" = Kürbis, Gröbs,
(mittelh. grobiz [Kernhaus], vgl. obez = Obst), Lauf (vgl. Zeit-
läufte), Packt, Ruß, Kork, Wanze, Warze.
In der Mehrzahlsbildung weichen ab: Jungens, Mädchens,
Ginderchens, Lichber (Kerzen), Gerner (Kerne, z. B. Flaumgerner),
Zelber, Gewelwer (wie wir heute noch singen: „— wo mans Geld
in'n Zeltern läßt", so machte der Rat noch in den 20er und 30er
Jahren bekannt, wie es mit dem Aufbaue der Kirschfest=„Zelter"
zu halten sei und daß er „Gewölber" zu vermieten habe), Gletzer,
vorstäbt. Gletzerte (Klötze, ebenso: Blätzer, Blätzerte = Kuchen),
Schwärmerte (Feuerwerk), Gihwe (Kühe), das sich daraus erklärt,
daß im Mittelhochdeutschen nicht bloß wie jetzt das h, sondern
auch das j und w dazu dienten, das Zusammenstoßen zweier Vokale
zu verhindern, daher kû — küeje, alth. kuo — kuowe, vergl.
engl. cow.

Die den hochdeutschen Mundarten eigentümliche und für sie
seit Alters allein echte Verkleinerungssilbe -lein findet sich in
unserer Mundart nicht mehr;*) wir gebrauchen nur =chen zu
diesem Zwecke, und zwar fügen wir dies -chen bei den auf -er
endigenden Mehrzahlen an diese Endung, während die Schrift=
sprache dies -er gern ausstößt: Heißerch'n, Männerch'n, Schbreißerch'n,
Bänderch'n, Bilderch'n = Häuschen usw., auch Dingerchen. Daß
die Silbe -chen von dem niederdeutschen -ken (ältere Form ikhi,
gespr. ichi, iki) stammt, darauf deutet das häufig ihr vorgeschobene
(von Luther in volkstümlicher Ausdrucksweise gern geschriebene)
i: Dihrich'n, Behmich'n, Blihmich'n, Jhrich'n = Tierchen, Bäum-
chen, Blümchen, Ührchen. Eine Verbindung beider Verkleinerungs=
silben treffen wir in der Form -elchen: Diehchelch'n, Dibbelch'n,
Lechchelch'n, Bihchelch'n, Wähchel'chn, Grähchelch'n, Sächchelch'n =
Tüchlein, Tüpfchen, Löchlein, Büchlein, Wäglein, Kräglein, Sächelchen.
Ohne die Bedeutung der Verkleinerung werden mit -el gebildet u. a.: Siffel, Schuffel, Schemmel, Schbirrwel, Schussel,
Hozel (mhd. = anus), Dribbel, Scherwel, Schbangel, Deistel,

*) Noch in den Lehnbüchern von 1733 steht aber: Häuslein, Gärtlein.

Gebbel = Säufer, Schaufel, Schemel, Stiefel, Schlitter-Eisbahn, Backobst, Trupp („se schbanden alle uff ehn'n Dribbel"), Scherbe (Einz. u. Mehrz.), Stange, Deichsel, Klammerverschluß einer Thür (von „Kette"), Daumel = Daumen, der Draumel = die Traube (mhd. der triubel).

Die eine Mehrheit von Personen umfassenden Familien- bezeichnungen bilden wir auf -s: Dahchs, Silingks = Tags, Sielings; nach r auf sch: Millersch, Sengersch = Müllers, Sängers; nach Vokalen und s-Lauten auf -ns: Weißens, Schebbens, Ubbens (Einzahl Ubbe), Driniussens, Franzens, Marxens, Buschens = Weises, Schöppes, Ottos (Einzahl Otto) usw.; ebenso, wenn statt des Namens ein Titel gebraucht wird: Dokdersch, Borche- mehstersch, Aktewahrsch, Bastersch = Doktors, Bürgermeisters, Aktuars, Pastors. Man darf diese Ausdrucksweise vielleicht in Vergleich ziehen mit den englischen Ortsbezeichnungen at my uncle's, at the bookseller's ꝛc.

Männliche Personennamen werden ohne Geschlechtswort ge- nannt, bei weiblichen aber hat sich der alte, früher auch in der Schrift (vgl. „die Karschin") übliche Brauch erhalten, den Artikel „die" vorzusetzen und die Endung 'n = in (vergl. Fürst — Fürstin, König — Königin) anzuhängen: „de Millern, de Heffen, de Brembachen" ꝛc.

Eigenartig ist die Bezeichnung von Kinderspielen: „Verschbeggens, Haschens,Gämmerch'n-Vermiedens,Fährdens,Schussgaulens,Reiwersch unn Schaubeckels, Dubbschlahchens, Fangens;" auch „Schgat mit Sahchens," sowie „nicht viel Federlesens machen" — eine Redens- art, die schon im Mittelh. im Schwange war (vederleser = Schmeichler).

Zeitwörter werden zu Hauptwörtern erhoben teils durch die Endung -ei: „Schreierei, Lohferei, Schnabberei, Schihßerei", oder durch die Vorsilbe ge-: „das Geschreie, Gelohfe, Geschnabbere, Ge- schihße, Gebuhe (= das sich Zieren), Gerede (= üble Nachrede, ins Gerede kommen), Rummgeschbehe (= Herumstehen), Geschimbtes (= Schimpfreden) grihchen. Beide Bildungsweisen enthalten den Begriff der mißbilligend bemerkten Häufigkeit der betreffenden Thätigkeit. Andere Ableitungen von Zeitwörtern werden mit -e gebildet: Reise, Stütze, Leuchte. Die Mundart macht von diesem Bildungsmittel noch ausgedehnteren Gebrauch und sagt: die Säße

(Auge), Schreie (künstliche Stimme in Spielsachen), Ahnrichbe (Küchentisch), Lache (Gelächter), Haue, Dresche (Schläge), Eahche (Gerücht), Dibsche (Tunke), Drahche (Tragbahre), Drehe (Wasser-wirbel), Gare (Kehre, Wagenwendung, Kurve, vgl. Ihwergar = Überkehr), Fage (Fege = Ohrfeige), Zarre (Zerre = ein mürrisches Weib, das an allem zu tadeln, zu „zerren" findet), Schbräwe (Strebepfeiler), Bleiwe, Fähle, Gucke (Ausdrücke im Kegel- und Kartenspiel), Bebbe, Fresse (von bebben = essen, fressen, also Mund), Rihre (Rührinstrument), Mache (Arbeit: jemanden in der Mache haben = sich mit ihm beschäftigen); ob auch Figge (Kleider-tasche) hierher gehört? (Eine Tragtasche heißt schon im Mittel-hochdeutschen Kober, Gohwer.)

Das Enb-e, das im Mittelhochdeutschen viele jetzt einsilbige (oder mit der Vorsilbe ge- versehene) sächliche Wörter führten, hat unsere Schulsprache abgestoßen; der Volksmund aber spricht noch immer: Herre, Herrde (Hirt), Herze, Hembe, Glicke, Schbicke, Flecke, Bebbe, das Gerichbe, Gewichbe, Gesichbe, Gebischsche, Geherrne (Gehirn), Gesehße (Gefäß), Gemächbe (Genitalien) re.; auch Sull-babe. So unterscheiden wir „das Dihr" (altdeutsch tior) von „die Tihre" (altdeutsch turi) = Tier und Thür. Aehnlich: Große-mudder, Schorzesell, Grawescheit (Spaten), Steggenabel, Blaßerohr, Schuwegarrn.

Die Schriftsprache verbindet das Wort „Leute" (wenn es nicht gerade „Dienstleute" bedeutet) nie mit einem Zahlworte; der Naumburger aber sagt z. B.: „'s war'n gehne fuffz'n Leibe in b'r Gerche". Zu „Dreck" bilden wir hier die Mehrzahl „Dregger" in der Bedeutung „kleine Stückchen" („de neien Zwanzchr sinn nor solche Dr."; auch „Schafdregger", die wir auch euphemistisch „Lorrwern" nennen = Schafmist).

In der Betonung weichen ab: „Hohlunder, Drummbehber, Sullab (Salat), Behbersilche, Alldar, Nohsembr, Dehzember", die sämtlich die erste Silbe betonen. Während wir in „Schnubbbewak" die letzte Silbe betonen, legen wir in „Duwwak" (Tabak) den Ton auf die erste Silbe; ebenso bei „Hansworscht", das der echte Hochdeutsche auf der Silbe „wurst" betont.

Ich gebe endlich noch eine Reihe einzelner Wörter, die nach Form oder Aussprache, oder als Ganzes uns eigen sind.

Die Aderfurche nennt der Naumburger eine „Furcht" und spricht in diesem Worte, das mittelhochdeutsch vurch lautete, das u wirklich als u (nicht wie sonst vor r = o), wogegen er die Furcht = Angst (mittelh. vorhte, wobei h = ch) „Forcht" ausspricht. — „Hausgenihßen" = Hausgenossen erinnert daran, daß Genosse von genießen stammt und daß im Mittelh. die Genossin genieze oder genözinne, die Nußnießung der geniez (überall z = ß) hieß. Gewihr statt Gewächs ist von der neueren Bildung „Wuchs" abgeleitet (vgl. auch Zwehwuhr = Doppelgewächs, Kartoffeldoppelgewächs). Auch „Schlunk = Schlund" ist wie sein Zeitwort „schlingen" eine neuere Bildung; mittelhochb. sagte man slunt, slinden, von der dialektischen Umbildung hat aber die Schule nur das Zeitwort aufgenommen (vgl. auch „Geschlinke = Geschlinge).

Die Begriffe von Mann und Weib werden oft auch ausgedrückt durch Mannsbild und Weibsbild (letzteres auch in verächtlichem Sinne), wobei „Bild" seine Grundbedeutung „Gestalt" bewahrt hat; oder Manns'n und Weibs'n (sowohl Einzahl als auch Mehrzahl), wobei s'n, sen eine Verkürzung der Silbe -sam (= ebenso, derselbe, gleich, vgl. engl. same) ist, also Mannsen = Mannartig. Die Veränderung des m (in sam) zu n ist nicht ohne Beispiel, sowohl im Worte selbst (Vernunft von vernehmen), als am Ende: Balf'n = Balsam, lobesan = lobesam, Breidg'n = Bräutigam, Ab'n = Atem, Brubb'n = Brobem (mittelh. brädem), rahbsen (vorst.) = ratsam, selts'n (bäurisch) = seltsam (mittelh. seltsäne). Diese Beispiele zeigen auch die Abschwächung des Vokals unbetonter Silben (vgl. Monat — Mond), wozu noch gehören: die Hehm'be = Heimat, der Vorrb'l = Vorteil (aber Urrbehl), Schbibbel = Spital, Armedei = Armut(ei), Nachb'r, Werkscht (Werkstatt). — „Das Mensche (Mehrz. Menscher), das Schbicke oder Schbickch'n" bezeichnen ein nichtsnutziges Mädchen oder Weib (das dritte Wort wird auch auf das männliche Geschlecht, = Früchtchen, angewandt); ist sie nachlässig, lüberlich gekleidet, so heißt sie eine „Schlambe", eine ungeschlachte, große Mannsperson ein „Schlaps". Einen halbwüchsigen, naseweisen Burschen nennen wir einen „Schnäffel" (vgl. mhd. snapfer = alberner Mensch, und die Verwandlung von -er in -el bei Säufer, Süffel und ebenso bei Grechchel = kleines Kind, das eben erst laufen gelernt, „Kriecher", Wärchel = ungezogenes

kleines Kind, ein junges, unerfahrenes Mädchen ein „junges Ding."
Als Kollektiv für Personen, die ein müheloses, thatenloses, schmaroßer-
haftes Leben führen, bedienen wir uns des Ausdrucks „das Ge=
schmeße" (Geschmeiß, Brut). In verächtlichem Sinne wendet man
an: die Bagahsche, das Backt (vgl. „Pack schlägt sich, Pack verträgt
sich"), der Hubch = Plebs (mhd. war hût = Haut, ein Schimpf-
wort für Weibspersonen); für Genitalien „das Babengeschenke"
oder „Gemächte" (Masc.) und „das Mibberliche" (Fem.). — Für
Muhme sagt man Mime (von Mühmin, wegen des Uml. vgl.
Graf — Gräfin); für Witwe, Witwer sind auch die neueren Bildungen „Wittfrau, Wittmann" bei älteren Leuten in Gebrauch.

Den Schuhmacher nennen wir „Schuhster", mit einem Worte
also, das aus schuoch-sutäre (vgl. „Schuhk" und das latein. sutor)
= Schuhnäher entstanden ist; das eigentliche mittelh. Wort war
aber schuochwürht (vgl. Schuhwerk, Scharwerker) = Schuhwirker
(wie Strumpfwirker), von welchem „Schuhwirt", auch die Namen
Schubert, Schubart, Schuchart ꝛc. abstammen. — Die sprachlich
richtigere Bildung „Schlösser" statt „Schlosser" erhielt sich bei uns
bis gegen Anfang unseres Jahrhunderts und aus der analogen
Bildung „Mäurer" = Maurer, die sich noch vor 150 Jahren
findet, ist unser jetzt allgemein üblicher Ausdruck „Meier" ent=
standen. Noch Ende der 30er Jahre unseres Jahrhunderts hießen,
wenigstens im amtlichen Stile, in Naumburg die Fleischer „Fleisch-
hauer", und vor etwa 200 Jahren die Posamentierer — deren es
übrigens bei uns jetzt keinen einzigen mehr giebt, während das
vielleicht 5 mal kleinere Naumburg von 1716 26 Meister zählte —
„Senkler" (vgl. Schnürsenkel); um dieselbe Zeit hatte man hier
auch „Wagner" (noch jetzt üblich = Stellmacher), Klemperer und
die ihnen verwandten Fläschner (noch 1830 wird ein „Flaschner"
Reißmann genannt), Täschner, Beutler, Sporner, Schlappenmacher,
Barretmacher, Kannenmacher, Büchsenmacher, Peruquiers (noch jetzt
nennen alte Naumburger die Friseure: Barrukjeß) ꝛc. Für „Pferde-
händler" ist bei geborenen Naumburgern „Roßkamm" (in früheren
Jahrhunderten „Roßtäuscher" = tauscher) üblich. Daß wir „der
Schmitt, die Schmidde" sagen, rührt daher, daß diese Wörter schon im
Mittelh. kurz gesprochen wurden; ebenso stammt unser „Esse" — früher
Öffe geschrieben — (und „Essenkehrer") = Schornstein aus dem Mittelh.

Begriffsübertragungen finden statt in Doggber, Beue, Deaber, Gerche, Hulz, Janne = Arzt, Beine und Füße, Theatervorstellung (heide ahmd is D.), Gottesdienst (under d'r Gerche werrd nich vergohst). Wald (Buchholz), ein in der Pfanne gebackenes Obstgericht; das Gerichbe oder Mehrzahl die „Gerichben" = die Gerichtspersonen; uff der Schdeier = im Steueramte; Dohle = meretrix. Vielleicht gehört auch der „Roßkamm" hierher (Kamp = Umzäunung eines Pferde-Weideplatzes).

In der Redensart „ehn Dort un Damp anbuhn" (= ihm Schimpf und Schande anthun) ist „Dort" dem französischen tort (Unrecht) nachgebildet; derselbe Sinn liegt auch in der Redensart „ehn was zum Schure buhn" oder „e Schur anbuhn", wobei Schur = Kummer ist (vgl. sich um etwas scheren = kümmern und das mittelh. schür = Leid, Verderben, noch erhalten in Hagelschauer u. dgl.).

Von Tiernamen seien erwähnt: Bibbling = Büdling; der Gangger = Spinne (mhd. kunker, aber selten); Garniggel (mittellat. caniculus, mhd. künclin, erste Silbe betont, ital. coniglio) = Kaninchen; Gitzen = Kätzin (wegen ä = i vgl. das schon erwähnte genösinne = Genieße, Genossin); Häbbe = Ziege; Chagop = Dohle; Hinne = Henne (aus dem beide Geschlechter bezeichnenden althd. „Huhn" mag wohl für das weibliche Tier das Wort „Hühnin, Hühne" und endlich durch Verkürzung Hinne gebildet worden sein); Sehchämse = Ameise („ämse" hängt zusammen mit mhd. emeze, Ameise, daher auch „emsig"); Schnage = Mücke; Schbahzch = Spatz.

Von Pflanzen: Abbelbegose = Aprikose; der Beibs = Beifuß, durch mißverständliche Analogie mit barfuß, „barbsch", auch „Beibsch" (mhd. bibôz d. h. klargemachte, gestoßene Gewürzzuthat, von bôzen = stoßen, schlagen, daher auch anebôz, Amboß); Bebersilche (vorst. Bibberf.) = Petersilie; Gasch- oder Garschbanche = Kastanie; Gnuwwluch = Knoblauch; Grauthehd = Krauthaupt (Rückbildung aus dem Plural Heibder — Heider — Heder — Hehb); Guffdemab = Flieder, sog. Hollunder (aus Duftemahb? mât = Heu, Gras); Greibrich = Kräuterich (Blatt- u. Stengelwerk); Huhächcheln = Hauhecheln; Hunbeblume = Löwenzahn; Mere = Mohrrübe; Märrebbch-Zihwe, Plur. Zihmn = Meerrettichwurzel (das e des mhd. zëhe, aus ai entstanden, verwandelte sich im Volksmunde infolge seiner Länge in i, wie Wihbe = Wethau; das w ist ebenso eingeschoben wie sé, sné, klé, See, Schnee, Klee. im 2. Falle ein w annahmen: séwes, snéwes, cléwes, vgl. engl. clower, snow); Maußegubbeln (Plur.) = Sternmire; Schbillichen = Spillinge (gelbe Pflaumen); Schbreißelsbehre = Preißelbeeren; Wedewinde, vorst. Webewinge = Ackerwinde; Zibbel = Zwiebel (mhd. zibolle, lat. caepulla); Zwehbahn (aus sambucus entstellt) = Hollunder, sog. Flieder; die „Ferrsche" oder „Ferrsch'che" (Pfirsich), die „Renegnoden" = Reineclauden, die „Hanebuttchen" = Hagebutten; die „Herlitzchen" = Korneliuskirsche, den „Behrsch" = Wirsing, der „Meiral" = Majoran, das „Dihmichen" = Thymian, die „Mausegubbeln" = Vogelmiere, die „Zwiwel-" oder „Zibbelschlobben" = Schlauch der Samenzwiebel, die „Wärmde" = Wermut, der „Muschgedäller" = Muskateller und der „Bebdens..er" = Hirtentäschelkraut. Der Klatschmohn wird „die Mohne" oder noch häufiger „Glabschrose, Glabschblume" genannt.

Von andern Wörtern erwähne ich die folgenden: Der Aschich = Napf (Kuchennapf, Blumentopf); die Äße = (Menschen)kot („Äßs!" Ausruf des Abscheus, vielleicht mit Ekel verwandt); Bauchgneiben = Leibschneiden: Bänert = flacher, runder Henkelkorb ohne Deckel; der Bihz = mamma; Beißtchen = Blasrohrgeschoß (vielleicht = Bäuschchen); Bewerb = Vorwand („ich muß m'r mal e B. mache un in dänn Laden was gohse, villeicht gann ich baderbei erfare, wo eßhentlich der frihere Besitzer hin is"); die Bläßer oder Bläßerde, Plur. = flache, im Stubenofen („Röhre") gebackene Kartoffelkuchen; der Buff = der Brocken (e Buff Brot); das Bufft, nur ein Ausruf zur Bezeichnung einer Kleinigkeit, von der viel Aufhebens gemacht wird („du willst schone widder Geld? ich hawwe b'r doch ehrscht welches gegähm?! — Na die zehn Mark, das Bufft!" oder: „in den Sal gehn allerhehchstens hundert Leibe, das alles Bufft!"); Bußchen machen = klein beigeben (mhd. buoz machen = Buße thun; „wie ich'en de Warheßt gegeicht habbe, da machde sie B."); Dehbs = Lärm (von toben); Druhwel (vom franz. le trouble) = lärmendes Gewühl, z. B. zum Topfmarkte; die Demße = schwüle Hitze (wohl von derselben Wurzel wie „dämmern"); der Duwwer = Modergeruch (vielleicht mit „dumpf" zusammenhängend); die Dälle = Vertiefung (althochd. talili); der Dehwisch = das Einschlagtuch der Schneider, worin sie ihre fertigen Sachen zu den Kunden tragen (von Teppich); das Däsderchen = niedliches, kleines, zartes Wesen (das Gind war nor so e D.); das Daubäßchen (Gebäck aus Weizenmehl und Milch); die Dorle (ein Spielzeug zum Fingerkreiseln, bestehend aus einer kleinen, runden Scheibe mit durchgestecktem Hölzchen); die Dogge = hoher, säulenartiger Prellstein (mhd. tocke Holzwalze zum Stützen, auch Kinderpuppe), davon: das Döckchen = Gebind (Seide); Ehle = Elle (aber Ellbohchen); Fenk, Mehrz. Fenche = Pfennig (mhd. pfenninc); Fläbderwisch = Gänseflügel zum Abstäuben (von flattern); Futch = stumpfes, abgenutztes Messer; Flaben = breiter Kuchen; der Flabschen = breite, weiche Masse; Flunsch = Schmollmund; Fuhch ist das Positiv des sonst nur negativ vorkommenden Unfug, also (wie auch in der Redensart: mit Fug und Recht) = Recht (mhd. vuoc; „das derf'ch sahche, da haww ich guden F. b'rzu!"); Gabbloch = Dachluke (mhd. kapfen = gaffen); Gärm'ße = Kirmes; Gäscht = Gischt (mhd. jest, gest); Gäsber = kleiner Verschlag (von Käfig?); Gechchs = scharfer, trockener Husten (von keuchen); Gehcheleh = Kegelleg, Kegelbahn; Gaule = Runkel (küle, zusammengezogen aus kugele); Gasse = Häuserreihe („Straße" heißen nur unbebaute Wege); Ginggerlitzchen = Allotria; Glungger = Trobbel; Glunse oder Glinse = Spalt (mhd. klinse, klunse); Gnischbel = Büschel (von Knospe); Grahbsch = Gerümpel (von Gerät); Gragehl = lärmendes Geschrei (niederd. „Ut düsser deipen kaulen krajocle ek tau dek", Pf. 130; wohl verwandt mit mhd. kraejen, kreigen, krewen = krähen, franz. crier, engl. cry); Grebel = Krüppel; Gewinst = Gewinn (vgl. spinnen, Gespinst); Hargen = Rechen; Hanebender = Dachbindegebälk, auf das sich der Hahn zu setzen pflegt; Hagsch = schweinischer Mensch (mhd. hache Kerl); der Hawwer = Habsucht; Haubter = Anführer, Häuptling; Hänschchen, Mehrz. (Einz. der Hänschch) = Handschuhe („Handschuhchen"); Hegen = Hölerin; Hibsche = Fußbank; davon: Gäßehibsche = Handschlitten ohne Lehne und mit Vollkufen; die Hole = Hohlweg; eine steile, enge Hole heißt „Helle", Hölle, eine kleine Helle: „Gerwe", Kerbe; der Hubbaß = eine kleine Bodenerhöhung, ein Absatz, über den man leicht stolpert, ausrufend Hopsa!; die Husche = Regenstrupe; die Hudelei = Schererei, Ungelegenheiten (hudel = Hader;

„wenn b'rſch gene H. macht, gauſte mal dein Freind wächen dänn Daler mane"; „neh, liwer nich, mr hat bloß H. drvun"); der Huggel = kleine Erhöhung; die Hugge = Höcker, Buckel; (auch: eine H. Holz, Stroh ꝛc.) davon: ein Kind Huggemalze (huck um den Hals?) b. h. auf dem Rücken tragen; Innſchelt = Unſchlitt (vielleicht von der Wurzel slid = ſchlüpfrig ſein, daher „Schlitten"; Sixtus Braun ſchreibt 1581 „Ünzelt"); das Jnſter = Gekröſe; Lahbſch = Pantoffel, auch: dünner Kaffee; Lawwe = Mund, Geſicht (ſchimpfend; lat. labia Lippen); ein Leiſchchen oder auch ein Schauer = ein kleines Feuer im Ofen, um das Zimmer ein wenig anzuheizen; Läbber = Leber; Ledder = Leiter; der Leichdorn = Hühnerauge (eigentl. Dorn im Körper, mhd. lich, daher auch Leichnam); die Linkbadſche = ein Linkshänder; Lischen = Blüt-chen, Puſtel, Geſchwürchen; Linschen = eine Wenigkeit („gibb mir e L. drvun!"); der Luhch = Lügengewebe („das is alles L. un Druhch!"); Luhmich = Nichtsnuß; der oder das Marb = Marder, die Mahſche = Maſche; der Madſch = Näſſe beim Verſchütten (manſchen), auch bei Regenwetter; das Marx = das Mark; der Merx = Gedächtniskraft; Meſte = Salzgefäß (von meſſen; mhd. mëste); Mohſch = Mos; Mummaß oder Mummanz = Popanz; Näggchen = ein Gebäck aus Semmelteig; der Runxen = derbes Stück Brot (zuſammenhängend mit Runge); Rämſdchen = Rand eines Brotlaibes (ahd. ramft, mhd. ranft Rinde); Rom = Rahm; Rahchen = Rogen; Schlabber = dünner Schlamm; Schliſder = ſchmaler Gang (von Schlucht, das im älteren Nhd. Schluft hieß); Schmile = Schwiele; Schaffen = flacher Tigel ohne Füße; Schuſſgelle = Schoßkehle am Wagen; der Schnärbel = Wurſtzipfel (auch an einem zugebundenen Sacke der Teil über dem Bande, mhd. snerfen = einſchrumpfen, wegen f in b vgl. ſchnaufen, ſchnauben); Schunggel oder Schumbel = Schaukel (vgl. ſchuckeln); Schwinge = muldenähnlicher Korb; Sims oder Sums machen = Aufhebens machen (von ſummen; „e machbe e S. wer weß wie ſere"); Subbe = Jauche (von ſieben, vgl. Sud, Warmbad, Soden); die Uffwarbungk = Aufwärterin; das Weweh = Wunde (in der Kinderſprache); Geniſte, Gemätſche = klares Holz, Äſtchen, Späne ꝛc. In der Redensart: nor der Wiſſenſchaft halwer" iſt W. = Kenntnis.

Als ein zuſammengeſetztes Wort wird gewöhnlich „Hebamme", geſprochen „Heh=wamme" — ältere Leute ſagen „Gindfrau" —

aufgefaßt; dies Wort hängt aber nicht mit „Amme" zusammen, sondern bedeutet wörtlich „die Hebende" (altb. hevanna); nach altem deutschem Rechte galt nämlich ein neugeborenes Kind erst dann als ehelich anerkannt, wenn es der Vater durch eine Dienerin hatte vom Erdboden aufheben lassen, die daher die hevanna hieß. Von anderen Wortzusammensetzungen erwähne ich noch „Reibeisen", bei dem das b, ähnlich wie bei Hebamme, als w zum Anlaut des zweiten Wortes wird: Rei=weißen (vgl. auch Erreichnis und die Zeitwörter: beo=wachden, er=rinnern, er=rowern); Bußenadel = Busennadel; die Dohrfahrt = Thorweg; Hewegorb = länglich, viereckiger Korb, aber kleiner als ein Wäschekorb; Rabehagge = Rodehacke; Schlibbermillich = geronnene Milch; Schrizbixe = Handspritzchen, Zihchelscheine = Ziegelei; Wällerwand = Lehm=wand (von Wall, in alten Ratsrechnungen heißt es wiederholt: es wurde ein Wall von dem bis zu dem Thore geschlagen); Well=flehsch (von wallen, sieden) = Kesselfleisch.

Eigenschaftswörter.

Unter unseren Eigenschaftswörtern befinden sich einzelne, die mundartlich in anderer Bedeutung als in der Schrift gebraucht werden; so fix = schnell (los e bisdjen fix), schene = gut (Gleße un Hozeln is e schenes Essen), gut = schön, neu (gibb m'r emah' mein' gub'n Ruck), arch = stark (e archer Schdorm), behlhaft'ch, mit betonter erster Silbe, = gut, vorteilhaft, teilbar (das Scherzen=zeich da is recht b.); schaurich = vor Wind geschützt; ehgal = gleichgiltig („'s issen alles e." = es ist ihm alles g.); leidbar = freundlich (se hat e recht leidbares Wäsen), also das Positiv des auch in der Schriftsprache vorkommenden Negativs „unleidig", wofür der Naumburger „unleiblich" sagt (der Grangge ist recht un=leiblich). Andere sind eigenartig von Adverbien abgeleitet: beschbelle mal enne Droschge, awwer enne „zue" = geschlossene; gehchen gleiche (= sofortige) Barzahlung; bei eich is „rechde" (= r. starke) Hitze; Gellner, noch e „exdraen" (= besonderen) Deller! — Wie schon erwähnt, liebt der vorstädtische Dialekt die Verkürzung des Vokals, daher: glenner, schbennern, nibbrich, rennblich, ennzeln, schenner, schennster = kleiner, steinern, niedrig, reinlich, einzeln, schöner; allgemein üblich ist die Verkürzung von „gut" beim Gruße:

„gubben Dahch!" Bei „nerſch" wird es faſt gar nicht mehr empfunden, daß es aus „närriſch" zuſammengezogen iſt. Wie die Wörter: bitt-er, laut-er, lock-er ꝛc. von „Biß, Laut, Loch" ꝛc. abgeleitet ſind, ſo auch „heiſer" von dem mittelh. heis, das noch jetzt als heiſch, hehſch (niederländiſch heesch) in unſerem Volke lebt. Von „Teig" abgeleitet iſt „dehl" (teig), das man von teigig gewordenen Birnen ꝛc. gebraucht. Oft wird ein Eigenſchaftswort durch -ig verlängert: glabb'ch, glenj'ch, ſchbiß'ch, nagg'ch == glatt, glänzend, ſpiß, nackt, letzteres auch nagg'cht, ähnlich: brägg'cht == dreckig, foricht == vorig, golb'cht == golbig; für „krumm" hört man oft „grump" (mittelh. krump; vgl. die verwandten Wörter Krampf, trämpeln, krümpen); meſſingern == meſſingen. Andere Entſtellungen ſind „eigel" (Brot) ſtatt eitel, „ſchweimlich" ſtatt ſchwindlig (vgl. ſchwim:ln, auch mhd. swimel, altnordiſch svimi, angelſächſiſch svima, niederländiſch zwijm == Schwindel), „horblich" ſtatt holprig, „barrbß'ch" ſtatt barfüßig (das „f" iſt wohl zur bequemeren Ausſprache in „b" verwandelt).

Die Volksſprache liebt es auch, den Eigenſchaftsbegriff durch eine zugefügte Vergleichung zu verdeutlichen: himmelblau, gärmeßihnvergnihcht == vor Freude hell ſtrahlend wie die leuchtende Karmoiſinfarbe; mucksmeißchenſchbille; gochlebberchahr (== gar, d. h. völlig weich wie ein kochendes, d. h. ſchwitzendes Leder, d. h. Haut), gallaun'naß (== naß bis auf die Kalbaunen, d. h. durch und durch); ähnlich: glibſchmab'nnaſſ oder nur glibſch'nnaſſ == klatſchend naß, ſodaß die Kleider vor Näſſe auf dem Leibe klatſchen), f..... freinblich, raſſelbärre; aus dem tautologiſchen Nominativ „heller, lichter Tag" haben ſich auch die weiteren Kaſus entwickelt: am hellerlichten Tage ꝛc.; ähnliche Zuſammenziehungen ſind „bei nachtſchlafender Zeit", „friſchmelke, altmelke (friſchmilchend ꝛc.), hau(s)ſchlachten." Bei innewend'ch, außewend'ch, elſegolt, maußebot, graßegrihn, gißegrau (katzengrau) iſt das „e" das Zeichen des Adverbs.

Eine eigenartige Hervorhebung wird erreicht durch die Vorſilbe „ſchbahbs", die (ähnlich wie in der Schriftſprache „Pracht-") die Bedeutung „hervorragend, ausgezeichnet" hat und alſo wohl in ihrem letzten Urſprunge mit „Stuß, Stußer, Statue, ſtehen" verwandt iſt: „mei Garl, das is e Schbahbsjunge!" „Linſen und Flaumen is e Schbahbseſſen". Man vergleiche hiermit auch

„uffſchbiß'ch" (aufſtüßig werden) = aufmerkſam, argwöhniſch werden, gleichſam ſich aufrichten, um auszulugen.

Die Steigerungsſilben -er, =eſt (in der älteren Sprache -ir, -iſt, daher auch die nicht lange erſt veraltete Form „der Obr=iſt") bewirken den Umlaut auch da, wo die Schulſprache ihn unterläßt: ſchmäler, grewer (gröber), geſinder (geſünder), räſcher, flächer; ähnlich auch: behähchlich, nerwich (von: der Nerm = die Narbenſeite des gegerbten Leders), enne dreifärwiche Gaße, uffn hällſchen Anger, gibberner Geſſel, hanebihchene Ausbrigge, flaumbehmerne Mehwl = behaglich, narbig, dreifarbig, halliſch, kupfern, hagebuchen, Pflaumenbaum.

Von dem Hauptworte „Wärtſchäsdern" (auch Geſellſchäftern") wird „wärtſchäftlich" gebildet; ähnlich iſt: ſcheinbärlich = augen= ſcheinlich. Der Umlaut unterbleibt bei „bauerſch, nuße (das is ze niſcht nuße), wuhbch" = bäuriſch, nüße, wütig, wütend.

Von Zeitwörtern kommen: beſchlahchen = belegt, angelaufen („das Brot is mit Schimmel b.; wiſche be beſchlahchnen Fenſter ab!"); gehackt = geronnen (aber nur von der Milch oder auch von Milchkaffee); uffgedonnert = auffällig gepußt; twwerſchlahchen (vorl. Silbe betont) = lau (ich waſche mich in twwerſchlahchnen Waſſer); gedobbelt = doppelt (gedobbelter Zwern).

Erwähnenswert ſind noch die Ausdrücke: biſſelnd = unge= dulbig, gelinde Verzweiflung (da gennde m'r gleich biſſelnd währe bei ſo enner gnaublichen Arweit); dickdrehwiſch oder dickdrehmiſch = heimtückiſch, verſtockt (v. mhd. träumie = träumeriſch, alſo tiefträumend, vgl. Traumbuch, fig.); dummihrich = unpaſſend, vormäulig (ob von mhd. tumplich = einfältig? gumm m'r nich ſo b. in dein' Redensarten); zwehſchläfrich (ein Bett, in dem zwei Perſonen ſchlafen können); ehgreblich = unſicher, hinfällig, ge= brechlich (enne albe ehgr. Drebbe, das Heischen ſchbeht recht e. da); belämmert = kläglich (das is je belämmert, in dänn Neſte gammer nich ema' baierſch Bihr grihche); gewihßt = gewißt, verſchmißt, gewandt, vielleicht von weifen, d. h. drehen, winden, wenden, vgl. lat. versatus (mit dänn wärrſchte nich ferb'ch, das is e gew. Gerl); gabutt = (franz. capot) entzwei: buß'ch = lächerlich, poſſierlich; gedehſche = kleinlaut; gähg'ch = krank= haft blaß; unmuſtern ausſehen = unwirſch (v. mhd. muster = Anſehen, Ausſehen, alſo „unanſehnlich"); däſſtrich ausſehen =

kümmerlich, ärmlich (wofür auch „fchbärlich" gefagt wird: ein fpärliches Kind, d. h. ein zartes Kind, das kümmerlich gedeiht); lähtfch gehen = fehl fchlagen; hämflich = ungefchliffen, grob, in Thüringen „hampflich" (fo viel wie „handvöllig" d. h. gleich händeweife, maffig, grob); gahkfche Laune = üble, fchwierig zu behandelnde, wechfelnde Laune; gahgelich = unficher, ungewiß; mehfelgräht'ch = widerhaarig, ftarrköpfig (vielleicht richtiger: meifelgrätig, von dem „Grat", Schneidenanfah, der fich am Meifel bei Bearbeitung eines harten Dinges bildet; daher wohl auch) grät'ch werden = auffahren; m'r braucht'n nur fchihf anzuguggen, da wärrb e' gleich gr. (doch kann diefer Ausdruck auch von dem fchwierig zu effenden grätigen Fifche entlehnt fein); happ'ch = übertrieben: gomm mir nor nich gleich fo h. (in Ausdrücken, An= fprüchen); nibbernäbfch = fonderbarer Appetit (mir is heide ganz n. zemute, d. h. ich möchte gern etwas Leckeres, Pikantes effen); gobbriches Maul = lofer Mund; gnill = betrunken; ficht'ch = entzündlich (von Wunden; mhd. fühtec krankhaft, füchtig); wandel= bar = fchadhaft (mhd. wandelbäre; „der Difch is recht w., der muß ohch e'ma' gemacht wäre"); läbbe = fchlaff. Das fchriftmäßige „irden" wird durch „Debber" (Debberware) erfeht.

Das noch zuweilen gebrauchte Wort „gähblich" = paffend, bequem (diefer Schinken ift recht g., d. h. er ift für wirtfchaftliche Zwecke recht gut verwendbar, gut teilbar) hängt zufammen mit „Gatte", mittelh. gate, das urfprünglich überhaupt nur „Genoffe", d. h. „ein zu einem andern, zu feinesgleichen Paffender" bedeutete und erft fpäter fich auf die Bedeutung „Ehegenoffe" befchränkte; noch jeht aber nennt man in manchen Gegenden zufammengehörige Stücke — z. B. die einzelnen Stücke eines Gefchirr=Services — „gattlich"; auch „Gattung = das durch Gleichartigkeit Zufammen= paffende" ift von gate abgeleitet, und in weiterem Sinne gehört hierher fogar „gut", d. h. das, was zu etwas taugt, paßt. — Eigenartig ift die adjektivifche Verwendung von „fo", wie fie aus folgenden Beifpielen erfichtlich ift: „ich äffe den Abbel gleich fo (ungefchält, ohne weitere Zubereitung)"; „warde bischen, ich gumme gleich fo mit (ohne große Toilette, fo wie ich eben bin)."

Ein koftbares Erbftück, Urväter Hausrat, ift das Wort „rahchenharbe" = vor Staunen oder Schrecken ganz ftarr fein.

Im Gotischen bedeutete ragin soviel wie „Rat", daher der durch
seine Ratschläge und Listen starke Fuchs in der Tierfabel „Reinhart"
genannt wird; ragin war nämlich allmählich zu regin, re-in abgeschwächt und hatte sich in seiner Bedeutung nach und nach auf
die bloße Verstärkung des folgenden Wortes (etwa wie die Vorsilbe
„erz-") beschränkt, also „Reinhart" = der (durch Rat) ganz starke,
ganz harte; denn hart bedeutete im Altdeutschen: kühn, stark, hart,
und der Übergang von „hart" zu „starr, steif" ist wohl erklärlich
genug. — Gewiß ebenfalls alten Herkommens, in seiner Entstehung
mir aber nicht erklärlich ist der Ausdruck „schinderloße"; so sagt
z. B. die Hausfrau, wenn ihr der Fleischer das Fleisch zu knapp
zuwiegt: „awwer Mehster, machen S'es doch nich gar so sch.!"
Oder einem gütigen Herrn rühmt man nach: „E is nich sch., e
macht's mit sein'n Leiden".

Das Zeitwort.

Eigentümliche Formen der Hilfszeitwörter sind: hawwe =
habe (ich hawwe gewunn', hawwe nor gene Anggst); hamm'n
(vor Vokalen), hamm (vor Konsonanten) = haben (e muß mich
gar nich gesähn hamm, m'r hamm gebummelt; de Ginder hamm'n
ausgeschlafen); hattst, hettst = hattest, hättest (hettst'n dachch enne
Dachbel gegähm); hett 1. = hättet, 2. = hätten in „hätten wir"
(hett'er mir gefulcht, hett' m'r'n gegrichcht); gehabbt, vorstäbt.
gehatt = gehabt (wie ja auch die Form „hat" in „er hat, sie
hat" :c. auch erst aus „er habt" :c. (zusammengezogen ist). Sobann:
iß = ist, biß = sei (biß schdille!); sinn, vor „wir" simm 1. =
sind (was der sich einbilt, simm m'r lenggst gewähst), 2. = seien
(Befehlsform: sinn Se dachch so gut un schent'n Ee m'r waß),
3. = sein (Grundform: das gann wahr sinn, vorstäbtisch „sei":
sullb'enn das nor mehschlich sei?); wehr, wehrscht, wehrn, wehrt =
wäre, wärest, wären, wäret (ich wehr an deiner Schbelle ausgerissen):
gewähst = gewesen. (Die Formen „biß" und „gewähst" sind Reste
aus dem Mittelh. und finden sich noch bei Luther — 5. Mos. 32, 17
und in dem Liede „Vom Himmel hoch": „Bis willekommen" — ja
noch bei Bürger: „Bis mein Liebchen, bis mein Weib"). Endlich:
währe, wärrscht, wärrd, währ'n, währt = werde, wirst, wird,
werden, werdet (härrschde = hörst du, de wärrscht's doch nich

vergeſſe; da währ m'r ſchon ehnich währe); werrte, werrſt,
werrden, werrt = würde, würdeſt, würden, würdet (mir werrden
ſo was nich mache); worrbe, worrbſt, worrben, worrt = wurde,
wurdeſt, wurden, wurdet (du worrbſt je ganz rot).

Wie in dieſen Hilfszeitwörtern, ſo wird auch ſonſt in der
Endung -et nach b, t das e ausgelaſſen und der etwa lange Vokal
des Stammes dadurch gekürzt: gerett (= gereb't), gehitt, gewett,
bitt, ſatt = gerebet, gehütet, gewettet, bietet, labet (z. B. m'r rett
nich gerne bunn ſo was); das -et wird ferner nach den Verbal-
ſtämmen auf -en zu -t verkürzt: ſähchent, rähchent, rächchent, lechchent,
zehchent = ſegn-et, regn-et, rechn-et, leugn-et, zeichn-et; auch von
-eſt fällt nach t das e, nach Ziſchlauten ſogar das eſ weg: du
ſahchlſt, du hihltſt, du banzt, du leſſt, du rehſt, du winſcht = ſag-
teſt, hielteſt, tanzeſt, läſſeſt, reiſeſt, wünſcheſt. Andere von der
Schulſprache abweichende Beugungsformen ſind: fruhch, frehcht
neben ſrahchte, ſrahcht = fragte, fragt (welche Formen allein richtig
ſind, da „fragen“ das Partizip „gefragt“ hat, alſo zu den ſog.
ſchwachen Verben gehört und nicht nach „tragen“ ꝛc. gebeugt werden
darf); gimmſt, gimmt, ſeltener gemmſt, gemmt = kommſt, kommt
(kommen hieß im Gotiſchen quiman, im Altdeutſchen queman —
daher auch das verwandte „bequem“ = paſſend, zukömmlich —
und an deſſen Präſens quimu = ich komme erinnert unſere Mundart); eine Reihe von Verben nimmt ſchwache Biegungsformen an:
ruhſbe, ſchbohßbe, ſauchbe, ſchallte, drihſbe, brabbe, ſchreibe (neben
ſchrichch) = rief (ruſte findet ſich aber noch bei Bürger, Voß und
Goethe), ſtieß, ſog, ſcholl, troſſ, briet, ſchrie, daher auch geruhft,
geſchbohſt, geſaucht, gebrihſt, gebratt, geſchreit (neben geſchrichchen),
geſanggt = geſangen (haben); ebenſo haube, gehaut ſtatt hieb,
gehauen.

Andere Verben unterlaſſen den Umlaut: fluggen = pflücken,
du ſchbohſt = du ſtießeſt (auch mittelh. ſtozeſt), nutzen (als
Tranſitiv: ausnutzen) = nützen, gewohne ſinn = gewöhnt ſein;
hubben = hüpfen. Andererſeits hat die Mundart einen Umlaut
erhalten, den die Schulſprache wieder fallen gelaſſen hat. In den
Wörtern: „brennen, nennen, kennen, rennen, ſenden und wenden“ iſt
nämlich das e der Umlaut von dem Vokale a eines Stammes, aus
dem dieſe Verben „brennen“ ꝛc. abgeleitet ſind; nach einem gewiſſen

Sprachgesetze unterbleibt nun dieser Umlaut im Imperfekt und Partizip, daher die Schulsprache „brannte, gebrannt" ꝛc. sagt; der Dialekt aber behält auch hier den Umlaut bei und sagt: brennde, gebrennd, nennde, genennd, gennde, gegennd" ꝛc.

Die Formen „nahm, nimm, kom' nehmen noch ein b an: nahmb, nimb, gamb" (vgl. das vorstäd. „Gamb"= Kann mhd. kamp); ähnlich verschärft sich vorstädtisch der Auslaut von: „ge-schah, sah, geh, dreh, steh, schrei, leg, lag, trag, sag, mag, frag, schlag" zu; geschahk, sahk, gehk, drehk, schdehk (bäurisch: schbick), schreik, leck, lahk, drack, sack, mahk, frack, schlack, und der Befehl „zerr!" zu „zerrk" (vergl. niederländisch tergen, angels. tergan = zerren).

Das i in „giebst, giebt, gieb, liest, lies" ist ursprünglich und so auch in der Volkssprache kurz: gibbst, gibbt, gibb, lisst, liss. Statt warf, stank sagt man worf, schbunk, statt schwor (beeidigte): schwur (schwor ist = eiterte). Das Transitiv statt des Intransitivs wird gebraucht bei: de Lambe lescht (statt lischt) aus, e schbäckte (= stak) in Schulden, enne frischmelgende Gu (= milchende Kuh), der Ruck hengte (= hing) im Schrangge.

Für „werfen" sagt man lieber „schmeißen", für „aussehen" nur „sehen" (du sihst ganz blass); im übrigen haben „sehen" und „hören" nur rein transitive Bedeutung; als zielende Intransitive werden sie ersetzt durch „guggen" und „horchen" (guck emal zum Fenster naus; guck ener ahn! horch was ich b'r sahche will): „hören" hat auch die Bedeutung „gehorchen" (vgl. „Höriger" = Gehorsamer, Diener, Leibeigener): das Gind hehrt awwer ohch gar nich; „brauchen" bedeutet nicht bloß „nötig haben", sondern auch „gebrauchen" (gebche e schlimmen Hals brauch ich immer Umschlehche); „lernen" ist = lernen und lehren (ich wäre b'r lose lerne). Für „mögen" wird „müssen" gebraucht in Fällen wie: „wer muß b'n nor der Dumme gewählst sei?" Das verneinte „müssen" hat die Bedeutung „nicht dürfen": „das muss be nich mache!" Ebenso wird „befugt" statt „verpflichtet sein" gebraucht: „was bin ich d'n befuhcht, immer alles allehne ze machen?!"

Die Umschreibung von „pflegen" ergiebt sich aus folgenden Beispielen: e macht immer bei cheden Worte „nämlich" = er pflegt bei j. W. „nämlich" zu sagen; e lehst immer als wennes verfeimt hebbe. Statt der Befehlsform „höre!" wird oft die Frageform „hörft du" (hehrfchbe, vorft. herrfchbe) gebraucht; eine Verwunderung leitet man häufig mit dem Befehl: „fichche!" (fiehe) ein: fichche, wie das rähchent! (wenn wir hier nicht etwa den mhd. Ausruf sichem oder sim = ei! vor uns haben.)

Nach Art des franzöfifchen faire ift „machen" ein viel ge- brauchter Erfatz für andere Zeitwörter: ich mache (kämme) mir be Hare; ich mache (reife) nachch (auch uff) Halle; mache (eile) dafte fertch wärfcht; ich muß was mache (ein Bedürfnis verrichten): wullmern e Schafgubb mache (fpielen)? mir hamm fchon be Garbuffeln gemacht (gefteckt, gelegt); de Rubber macht (kocht) heibe Von'; Ehmile, mach (deck) inn Difch! mache (fpiele) nich immer drann rumm! ich machte (begab) mich fachte näher hin: das macht (fchabet) nifcht; was macht (wie geht es) d'n bei Faber? Hulz machen (hacken); Ohchen machen (erftaunen); was hafte d'n gemacht (was ift dir für ein Unfall wiberfahren); was macht 'en (koftet) die Brofdemalzeit? was wär m'r'n morchen um die Zeit mache (vornehmen)? „ei, ei!" machte (fagte er), „das wärrb fchlimm!"; ich mache (fpiele) nich mehr mit; machenfes (wiegen Sie's) e bißchen reichlich! e machts mit 'en Leiden (weiß mit ihnen umzugehen).

Die Bedingungsform „ich würde" erfetzt man oft durch „thäte": „e bet' je gerne bezahle, awwer e hat geh Geld". Auch der Konjunktiv der indirekten Rede wird mit diefem „thäte" um- fchrieben: „fahch nor e fchehn Gruß un 's beht m'r ganz gut gehe". Enblich wird mit „thun" das Zeitwort hervorgehoben: „verfpreche dube vil, awwer 's is geh Verlaff uff'n" = er verfpricht zwar viel, aber man kann fich nicht auf ihn verlaffen. Eine befondere Hervorhebung der inbirekten Rede, woburch deren Inhalt völlig unter die Verantwortlichkeit ihres Subjektes geftellt wird, erfolgt burch „mehch": bei Vater fchrip, e wärrbe mehch das Geld fälwer bringe (d. h. fo fchrieb er, ob's aber gefchehen wird, dafür kann ich nicht einftehen); 's wehr mehch abgebrennt (d. h. die Leute fagen fo, ich felber weiß gar nichts darüber). Erwähnenswert ift auch die Umfchreibung des Plusquamperfekts („ich hatte dies ganz vergeffen") durch folgende Ausbrucksweife: „bas hamm ich ganz (ober „rehne") vergeffen gehabbt."

In der ältesten Zeit pflegte man statt der Zukunftsform die Gegenwartsform zu gebrauchen, und so geschieht dies auch jetzt noch, wenn der Zukunftsbegriff nicht betont werden soll oder auf andere Weise ausgedrückt ist: de Mutter beckt morchen; uffs Gerschfest gumm ich. Man umschreibt auch, wie im Mittelhoch= deutschen und im Englischen, die Zukunft mit „wollen": ich will nächstens verrehße. Eine eigentümliche (übrigens auch dem Griechischen nicht fremde) Anwendung findet die Zukunftsform, wenn man zur lebendigeren Schilderung eines geschehenen Ereignisses das, was in Wirklichkeit schon geschehen ist, als erst kommend hin= stellt: „un wie se mir de Or'n so vullheilde, da wär ich dach so dumm sin un wär es glohmn un wär 'er e Daler schenke" = da war ich so dumm und glaubte es und schenkte 2c. Ich erwähnte schon, daß der Naumburger das Infinitiv=n wegläßt (ich muß mache): nur bei dem Infinitiv mit „zu" behält er das n bei: du hast m'r gar nischt zu sahchen.

Das Gegenwartspartizip, das mit „sein" früher aoristische Be= deutung ausdrückte (ich bin vermögend, nachgebend = vermag, gebe nach), hat sich in der Mundart zum Infinitiv abgeschwächt: mei Bruder is bade, seine Frau is Ehrn lähße (badet, ließt Aehren): man kann allerdings in dieser Form zuweilen den Aus= fall eines „gegangen" 2c. annehmen: se sinn alle nach Gehßen (= nach Kösen gegangen, gefahren 2c.).

Die auch in der älteren Sprache übliche doppelte Verneinung (Luther hat 4. Mof. 16, 15 sogar eine dreifache) statt der ein= fachen findet sich auch in unserer Mundart: das will ich gehn nich graden hamm; das wärrbs'ch nimand nich gefalle lasse; so was hat sich dach geh Mensch nich gedacht: da war geh Hund un gehne Sele nich zu sän; ich warne, meiner Frau nischt zu horchen, indem daß'ch gene Zahlung nich leiste.

In der Rektion weichen von der Schulsprache ab die dialektischen Ausdrücke: das get dir (statt dich) gar nischt ahn; die Hose goßt mir (statt mich) bare fünf Daler; m'r wullens b'r (statt dich) wisse lasse; der arme Gerl dauert mir (statt mich, das auch gebräulich ist). merken lassen verbindet die Schriftsprache re= flexiv mit dem 3., sonst mit dem 4. Falle (laß dir — laß den Vater nichts m.): der Naumburger wendet immer den 3. Fall an: laß d'r Mutter niſcht merge! Mit dem Akkuſativ verbindet man: „das (ſt. deſſen) gann ich mich nich beſinne: das (ſt. damit) bin ich ʒefriden: ich haw es (= bin deſſen) ſatt: ich bin 's (= deſſen) iwerdriſſ'ch (vorſt. iwwerdriſſe): das bin ich ſicher, oder gewiß, der ʒimmt nich wibber.“ Die Schule ſorbert hier überall den Genitiv, und das „es“, das die Mundart anwendet, iſt ja auch eigentlich der 2. Fall, denn in der älteren Sprache hieß eben der 2. Fall von er und eʒ: es (vgl. bei Luther: ſie haben 's kein' Gewinn, 1. Kor. 6, 12: ich habe es alles Macht, Matth. 22, 8: die Gäſte waren es nicht wert); ſeit aber für dieſes genetiviſche „es“ „des, deſſen, ſeiner“ geſagt wird, empfinden wir „es“ nur noch als Akkuſativ. Statt einfach ʒu ſagen: es fruchtet nichts, ſagt man bei uns: es fruchtet ʒu nichts.

Sagt der Naumburger: „ich bin mit meiner Frau drei Jahre gegangen“, ſo meint er: ich habe ſo lange mit ihr ein voreheliches Liebesverhältnis gehabt; er geht nicht ʒu einem Begräbnis, ſondern „ʒu begrawe“: geht er in den Wald, Maiblumen, Nüſſe u. dergl. ʒu ſuchen, ſo ſagt er einfach: „ich gehe in de Niſſe, in de Maiblum'n“ ꝛc.: als „ahngeʒohchen“ betrachtet er ſich erſt dann, wenn er ſich mit ſeinem Anʒuge vor den Leuten ſehen laſſen kann; wen er nicht leiden kann (vielleicht, weil dieſer „ſich dut“ = ſich ʒiert, ſich etwas einbilbet), den „habbe uffn Schbriche“ oder „uffn Ʒuhche“ und droht ihm wohl gar: „bricke dich vor mir!“ Einen anderen ermahnt er: „gebulb'che dich nor, be wärſchts ſchone nachch gewohne währe“ = gebulbe dich ꝛc. gewohnt werden.

Viel bedeutend iſt in ſeinem Munde der Ausdruck „weg haben: jetzt haww ichs wäck!“ ruft er aus, wenn er nach langen Verſuchen einen Kunſtgriff, eine Löſung gefunden hat (er ſagt wohl auch: „ich hawwes raus“, wenn die Löſung durch Nachbenken, nicht durch Verſuche gefunden wurde); „bänn haww ich wäck“, erklärt er, wenn er jemandes Charakter durchſchaut ʒu haben glaubt: „der hatts bei mir wäck“ = der hat meine Gunſt verſcherʒt; „ich hamm'n nich wäckgegrichcht“, äußert er, wenn er eine Perſon nicht genau erkannt hat: natürlich ſagt er aber auch, wenn er einen Schmutzflecken getilgt hat: „enblich haww ich den Gleꜩ wäck“.

Reich iſt die Mundart an Ʒeitwörtern, die in der Schulſprache fehlen und von denen doch manches wert wäre, in die

Schriftsprache aufgenommen zu werden, weil es weitläufige Um=
schreibungen erspart und gewisse Feinheiten in der Auffassung und
Charakterisierung der gemeinten Thätigkeit mit einem einzigen
Ausdrucke deutlich macht, oder eine Abwechselung bei der Anwendung
der Ausdrücke ermöglicht.

Wie mannigfaltig sind z. B. die Bezeichnungen für Stimm- und
Sprachäußerungen: blärren, belgen (= blöken, vgl. storpeln statt
stolpern): laut schreien; flennen: das Gesicht zum Weinen oder
zum Lachen verziehen; gären, auch chären (Hauptwort der Gär;
— ob von mhd. jëhen = sagen, sprechen, das wohl wiederum
mit „ja sagen" zusammenhängt?); mären (Hauptw. die Mährde,
mittelh. märe = die Erzählung): mit unnötiger Breite erzählen,
auch ausplaudern („wie e ze Hause gam, habbes gleich ge-
mährt"); gnäben (der Gnäb): langweilig erzählen; quatschen
(Hauptw. Qualsch): Unsinn reden: schnabbern: laut und schnell
sprechen; fubbern: mürrisch vor sich hin zanken; näbbern: nörgelnd
kleinlich zanken: schämwern: dasselbe in schärferer Tonart: babeln:
kindisch (aus-) plaudern (vgl. französisch babiller), verbabeln: im
Gespräche davon abkommen (ich wullben immer frahche, wasse
ehchentlich Mide gey, 's worde anwwer nachher verbabelt); nusseln
(näseln): durch die Zähne, undeutlich reden; giggern: kichern;
quihtschen: Quetschtöne hervorbringen; fuhtschen: das schmatzende
Geräusch, das beim Gehen durch einen Sumpf unter den Tritten
entsteht; bihbsen, quihlsen: piepen, quieken; chäbbsen: keuchend nach
Atem ringen; hagschen: Zoten erzählen; nubbeln: handwerksmäßig
musizieren; barmen, bärmeln: klagen (also gleichsam: sich an die mhd.
barme = Barmherzigkeit wenden, welches Wort wieder mit barm:
der schützende Mutterschoß und gebären, Bahre, tragen zusammenhängt; z. B. „wemmer die fit, da bärmeltse ehn ohch be Ohrn
vull", „wer werrb'n nor immer so barme?!"); Bosten brahchen:
Zwischenträgereien, Klatschereien machen; ninnern: wimmern,
queilen: Hundegeheul; benimen: nennen, benamsen; enen um was
begrißen: bitten; bereden bedeutet nicht bloß überreden, sondern
auch: üble Nachrede machen (ins Gesichte isse sch—freindlich,
anwwer hindern Riggen da berddbse ehn).

Andere, namentlich Affektbezeichnungen sind: sich wemmen:
sich ärgern; brizen: jemand durch Launen oder böswillig peinigen;

ſchuhrihcheln: daßſelbe (vgl. ſchüren = reizen, althochd. scurigen = ſtoßen, ſchürgen); ſchwancn: ahnen (es ſchwant mir, daß …); ſich brauen: wagen (ich draue mir, enne halwe Schbunde in enen Aben ze ſchbringen; du brauſt dich wol in der Nacht nich uſſn Gubbſagger?); ſich ſuzen: ſich heimlich neibiſch ärgern; nich erſäh können oder nich vergnußen: nich leiden (ſulche neigihriche Leibe gann ich nich vergnuße); achb'chen gäm: Achtung geben; verdummen: zum Dummen haben (du benkſt wohl, du gannſt mich verdumme?); bedilmen: betrügen; vermiſſnen: vermiſſen; vergribben, auch verbubben: verkommen, verkrüppeln, hinſiechen; es ehchend ſich: ein bedeutungsvolles Vorzeichen tritt ein (in den Zwelfnächten hat ſichs bei uns dreimal geehchend, da wärrd wol balde ehns ſchberm); auf etwas brennen, auf etwas erpicht ſein: begierig nach etwas ſtreben; es ſetzt was: es giebt etwas ('s ſetzt nachch was naſſes heibe! wenn de nich ſulchſt, da ſetzts was! morchen ſetzts mei Leib= eſſen); 'rumlawwern oder 'rumalwern: ſich kindiſch benehmen, albernes, läppiſches Zeug treiben; jemanden veralwern: ihn zum Beſten haben; ſich was annehmen bedeutet 1. ſich darüber grämen: ſe nimbt ſichs helliſch ahn, daß ihr Mann geſchborm is; 2. es auf ſich beziehen: warum ärcherſchbe b'n dich inwer ſolche Redensarden? de brauchſt b'rſich je nich ahnzenähmn.

Mit der Ernährung hängen zuſammen: muffeln: mit vollen Backen eſſen; worchen: würgend eſſen; freggſen: Nahrung mit Gewalt einſtopfen; gnäbbſchen: ſchmatzend eſſen; Waſſer ſchlebbern: Waſſer in Übermaß trinken; nuhbſchen: lutſchen; zuhtſchen = ſchmatzend lutſchen; gehzen oder gelwern: ſich übergeben, erbrechen; rilbſen: aufſtoßen; ſchluggſen: ſchluchzendes Aufſtoßen; mezen: würgend ſtoßweiſe ausatmen; gechſen: keuchend huſten.

Als Ausdrücke der Bewegung erwähne ich: rahſchen: haſtend eilen (Eigenſchaftsw. rahſch'ch = fahrig, eilig, in der Rahſche = in der Eile, vgl. franzöſ. la rage = die Wut); drahſchen (Hauptw. der Drahſch): geſchäftig hin- und herrennen, ſich abmühen; quären, auch queſten (des ſ wegen wohl als die ältere Form zu erachten) (vgl. quer): hin- und herlaufen, auch herein- und hinauslaufen; ſlitzen (vgl. ſliegen): flüchtig ſpringen; ſläbbern: hinauseilen (die Kinder kommen aus dem Schulhauſe herausgeſläbbert), (vgl. flattern); ſchlumbern, zubbeln: nachläſſig gehen (da gimmt e endlich angeschlumbert, angezubbelt); lahbschen: schlürfend gehen; grahtschen: breitspurig gehen; bäbbeln: mit kleinen Schritten gehen, trippeln; hingksen = hinken; zerbemmeln: zertrampeln, auf etwas sich herumtummeln; rankern: unruhig liegen, im Bett sich umherwälzen ꝛc.; sich abeschschern: sich durch schnellen Lauf atemlos erhitzen; sich filen: sich wälzen; gullern: rollen; fortzibbeln: mit fortlocken; sich ribbeln: sich rühren; schaggern: beim Reiten im Sattel (oder das Kind auf den Knieen) hopsen; heggern: wagerecht oder schräg aufwärts hockend klettern; glußen: lässig verweilen (da gluste sich ewich her, un ich schband b'rweile wie uff Gohln); schwimeln: nächtlich umhertreiben; 'rumgrunxen: bei Unwohlsein gebeugt umherschleichen, von grunxen: dumpf ächzen; gegeln: umherlehnen, s. räkeln, umfallen (gannste b'n nor nich schbille sitze, musste b'n immer gegele? bc wärscht bach nach emal hingegele); gebeln, gebbeln: mit dem Stuhle kippen; sich hinfläzen: sich breitspurig hinsetzen; gauzen: kauern; sich hinhaucheln: sich verschüchtert oder fröstelnd in eine Ecke hinbrücken; bewwern: vor Frost beben; es schubbert mich: es durchschauert mich ein Frösteln; wällern: durch tiefen Schmutz, durch Dick und Dünn laufen (von wallen); sich schniben: sich rühren (ich gabßen ganz beitlich ze verschbehn, awwer e schnihbte sich nich!); schniben: sauchend durch die Nase atmen; jechchen = jagend eilen.

Witterungserscheinungen bezeichnen: es wibbert: es donnert (vgl. Gewitter); es gaßt: es ist ein Schneegestöber; es bribbelt: es tröpfelt; es drehscht: es regnet stark (Hauptw. der Drehsch); es schbihbt: es ist staubig (vgl. stäubt); es nihßelt: es nässelt; der Schnee schnorbst: knirscht; es bribbt = es tropft ('s bribbt bunn ben Dächern, be Nase bribbt 'en = ihm).

Allerlei Hantirungen drücken aus: schmabbern: schlecht schreiben; gärtnern, schneidern, schusteriren: das betr. Handwerk treiben; schäßbern: geschäftig sein (von schaffen); malgen: (quälerisch) brücken (malge bach die glenen Gatzen nich so rumm!); gnußtschen, gnehtschen (vgl. kneten): zusammenbrücken (zergnuhtsche mer bach mei neies Gleb nich); ergärcheln: erwürgen (vgl. Gurgel); angrallen: anhalten (e grallte mich uff uffner Schbraße ahn); zu saggen grihchen: anpacken; rassaunen: tobend lärmen (vielleicht von mhd. ranzen: ungestüm hin und her springen); schubbern: erschüttert werden; wummern: dröhnend pochen (das ganze Haus schubberde, so wummerde der Gerl ans Dohr); rabbern: rafselnd fahren (ber Wahchen rabberde iwwersch Flaster); babbeln: wühlen; schbenglern heißt nicht bloß „Geftank machen" und „Unfrieden stiften", fondern auch „heimlich, unerlaubt in etwas fuchen, stöbern; mären: burchstören (märe m'r nich in mein'n Sachen rumm); vermären: verlegen, in Verlust bringen (Gschwend verwahrt z. B. in seinem Schriftchen vom itztlebenden Naumburg, 1716, bie Naumburger vor ber falschen Nachrebe, fie hätten ihre Ostermesse „vermährt" b. h. fich barum gebracht); bembern (babon bembrich): übelriechend rauchen, fchwelen (von Dampf); grämweln: krauen (grämwele mich nich, ich bin gißlich); gogeln: mit Feuer fpielen; gigeln, bibeln, fchbercheln, fchberlen: stochern; fchubben, fchubfen: fchiebend stoßen; nausschbenzen: hinaustreiben; brabbfen: berb auftreten; rabben: erraffen; grabbfchen: gierig zufaffen; brubeln: fich Zeit nehmen, tröbeln; buffeln: kleine Hantirungen vornehmen; grebeln: kleine Arbeiten verrichten (ber Albe grebelt nachch fo e bischen in Haufe rumm); fcharwerchen, fcherchen: fchwer arbeiten; biffeln: in kleine Stückchen fchneiden (biffele nich fo an Brode rumm); biffelnd werden, auch verquahtfcheln = vor Ungebuld vergehen, in gelinde Verzweiflung geraten; quabbfcheln: eine Flüffigkeit fchütteln; verquabbfchen, verfchwebben: verfchütten; mabbfchen: manfchen; vermabbfchen, mohfchen, wihften: verfchwenberifch verbrauchen (wihfte, ober mohfche, nich fo mit b'n Zugger; bu vermabfcht be ganze Millich); geffeln: bei einer Reihe von Gefäßen immer aus einem ins andere fchütten; quabbern: mit Blafengeräufch hervorquellen; verfiren: vollführen, ausführen (ihr verfirt enne butzche Wärdfchaft; verfihrt nich fulchen Lärm); bahbfchen: verweichlicht thun, balen: langfam, umstänblich thun (immer e bischen fix gemacht, nich fo gebahlt!); mifcheln: Karten mifchen; fibfcheln: einen bünnen Gegenstand, z. B. eine Gerte, fchnell hin und her reiben (vgl. Fibfchefeil = Pfeil eines Flitzbogens); fchrizen: fpritzen; fchlazen: einen Schlitz machen, zerreißen; razen: einen Riß machen, reißen; mutzen: stümpernd an etwas herum fchneiden, vermutzen: verstümmeln (vgl. metzeln, Hauptw. ber Mutz = Stummel); murzen: ohne rechte Kraft an etwas zu fchneiden fich bemühen (vgl. mittelh. murc = morfch, kraftlos); gnaxen, gnizen: knacken, knicken (aber intransitiv: jetzt gnixt ich mit mein'n Bene um unn ba gnaxbes in ber Fährfchel); roten: bas Feld

lodern; hargen: rechen; gebehnen: Gefäß wafferdicht machen; Federn
fchlißen: fchleißen (mittelh. sleizen, während slizen „reißen" intran=
fitiv ift); Flaumen fchbellen = fpalten; Gaulen blaben: abblatten;
Getreide fchrappen: Halmfpißen abfchneiden; abfchbriffeln: ab=
ftreifen; verbengeln: prügeln; bilen: ben Hintern herausreden (wohl
= einen bühel, Hügel, machen); Guchen wilchern: Kuchenteig
breitmangeln (vgl. würgen, mittelh. worgen = brüden); Fett
geleffern laffen: gerinnen (geläufern, zufammenlaufen); gleggen:
herabfallen (mhd. klecken, vgl. flexen, Klex); gleggern: mehr=
mals nacheinander „gleggen" laffen; fchbrihbfen: Früchte ftehlen;
gnibbeln: Inüpfen; uffbrubeln: ein Geflecht oder Gefpinft auflöfen;
wiweln: ein Loch, ein Riß in einem Gewebe (baher eben „wibeln")
mit Fäden überftechen; nibbeln: an etwas rütteln, um es zu lodern,
auch flappernb ftriden; blehbern: wehen; ausblehbern: Gewänder ꝛc.
ausfchütteln (vgl. blähen); verfißen: verwirren (mittelh. die vitze
= das Garngebinde); ahnnälchen: nachläffig anziehen (wie hafte
b'n nor wibber bänn Ruct ahngenälcht); ausbinggeln: auszählen
(der Kinder bei gemeinfamen Spielen, gefchieht gewöhnlich durch
einen Reim; von bingen = mieten, Vertrag fchließen, etwas ver=
einbaren); gaubeln: unerlaubte Taufchgefchäfte machen (ebenfalls
nur der Kinder untereinander); fich etwas verfchboßen = verfcherzen
(da lehft nu bas hibfche Mäbchen mit bänn hungrichen Schneider un
verfchboßt fich be beßben Barbihn!) nachgrafen: nachforfchen; minzen
= wählerifch fein (minze nor nich in Äffen rumm, 's wärrb br nich in
Zehn'n fchbägge bleiwe!) vorbäben = vorbeugend, fürbitten (da muß
ich nor vorbäbe, funft grihch ich hellifches Gefchimbtes); zur Sine
reben: zur Sühne, zum Guten reben; einem etwas zufchanzen: zu
gute kommen laffen (der Infchbekter habben alle Arweit zugefchanzt,
bie uffen Gube ze machen is); milen: durchfidern (aber nur von
trodenen Stoffen: ber Sad hat e Luch, ba milen be ganzen Gleien
dorch); beraum'n (= berauben, aber in biefem Falle mit au ge=
fprochen) wird nur in der Redensart: „ich will Sie nich b." an=
gewandt, womit der Naumburger eine „Nötigung" b. h. Einladung,
zuzulangen, höflich ablehnt; fich verhäbbern: fich verwirren (e habbe
fich feine Lißchen fo hibfch ausgebacht, wie m'rn awwer uff be
Rebe gniben, ba verhebberte fich); etwas ausgefreffen haben: etwas
Unrechtes angerichtet haben; jemandem uffhibben: ihm eilfertig zu
Willen fein; etwas weis machen, bas wir nur fpöttifch gebrauchen

und mit dem Dativ der Person verbinden, wurde im Mittelalter mit dem Akkusativ (einen wis machen) und zwar mit durchaus ernst gemeinter Bedeutung „einen wissend, kundig machen" angewandt; es fläggt: es geht von statten (vom Flecke); aus= (oder nach-)bihßen: ergänzen, Lücken ausfüllen (in letzter Linie stammverwandt mit dem gotischen bota, die Hilfe, und abgeleitet vom althochd. buaza, puoza = Hilfsmittel, Besserung, Vergütung, Buße; zu baz = baß, besser gehörig); übel nehmen pflegt der Naumburger noch mit „für" zu ver= binden: näm Se mersch nich vorr iwel, arwwer vorr sogescheit häbbch Sie nich gehalben (vgl. etv. vorr lang = der Länge nach nehmen). Ein geschäftiges, handfestes Arbeiten hört man oft als „rawehßen" und eine Magd, die in dieser Weise durch kräftiges Zugreifen sich auszeichnet, als einen „Rawehßer" bezeichnen. Dieß Wort ist hierher aus Leipzig übergesiedelt, wo man „Rabeter" sagt. In einer Beschreibung Leipzigs bei der Belagerung von 1547 (Vogel, Annalen) heißt es: „Und war die Stadt von der Pleiße an bis an die Kirche zu Sanct Johannis rings umb mit Bollwerken und Schanzen umgeben. Von dar an lagen in einer breiten Gegend niedrige flache Felder (und tieffe sumpfichte Wiesen), die von der herumlauffenden Parde be= wässert werden. Jene wurden von denen drauff in großer Menge stehenden Brombeersträuchern das Rubeth, diese aber die von denen darauff stehenden Erlen „die Ehrlichs-Wiese genennet". Dazu giebt Vogel noch folgende Anmerkung „Rabeth, was es sei", Rubetum heißet bey denen Lateinern so viel, als ein Ort, wo viel Brombeer= sträucher stehen, welches Wort hernach der gemeine Mann Rabeth ausgesprochen." Diese Deutung aus dem lateinischen rubetum ist zweifellos richtig, wie besonders auch daraus hervorgeht, daß die Brombeere selbst zuweilen Rabethbeere genannt wird. Der Ausdruck stammt wahrscheinlich aus der Studentensprache, aus der ja zahl= reiche Ausdrücke in den Leipziger Dialekt übergegangen sind. Manche Studenten mochten an diesem Rabet besonderes Interesse haben. Vogel fährt nämlich fort: „Und weil zuweilen unzüchtige Weibes= Personen und liederliches Gesindel sich dieser Sträuche und Gehölze zu ihrer Unzucht bedienet, hat man dieselben Rabet-H., das ist solche unzüchtige Bälge, so aus dem Rabet kommen, genennet". Im Laufe der Zeit hat sich dann die Bedeutung in gutartigem Sinne gewandelt und ist endlich zu der jetzigen harmlosen Anwendung gelangt.

Fürwörter.

Die Vokale der persönlichen Fürwörter werden stark verkürzt und meist gar nicht oder nur wie ein dumpfes „e" gesprochen.
So wird also „ich: 'ch, du: de', er: e', sie: se', es: 's, man: m'r,
ihr: 'r, mir: mr, dir: dr, endlich ihm, ihnen: 'en und sich: s'ch"
gesprochen. Nur im Falle besonderer Betonung tritt die schul-
mäßige Aussprache in ihre Rechte, ausgenommen bei „ich" und
„wir", die betont zu „ichche" und „mir" werden: i ch ch e soll das
gewähst sinn? m i r machen so was nich!" Um „ihm, ihn, ihnen"
hervorzuheben, fügt man dem „'en" ein „selber" hinzu: „gibbsen
selwer!" Kommen bei der Satzbildung die Fürwörter hinter ihr
Zeitwort zu stehen, so pflegen sie diesem wie Nebensilben angehängt
zu werden: „hernahchb'ens lahf'chs Greisblatt, da hatt'ch enne Geschichte ahngefanglt", „nune haste wol genunt?" „biste b'n (oder:
bist'enn) nachch nich serb'ch?" sihste (vorst. sißte), habb'ch d'rsch
nich gleich gesahcht?" „gibbs'en", „saggs'en", „machm'r", „sädersch
(säddersch), baß'ch recht habbe!" „'s habb s'ch d'r was uffn Gubb
gesetzt"; „seibr (sibbr) b'n nachch nich ehnich?"

Bemerkenswert ist, baß die betonte schriftmäßige Aussprache
„sie", „er" zur Bezeichnung der Glieder eines Ehepaares dient;
wenn der Naumburger sagt: „wenn s i e da is, grihcht m'r mer,
e r wihcht immer so gnapp" oder „ich hawwe i h n nich gesähn, ba
gabb'chs i h r" 2c., so meint er dabei nicht ein beliebiges Männlein
oder Fräulein, sondern der „er" ist stets der Hausherr, die „sie"
dessen Ehefrau. Auch das ist wohl der Erwähnung wert, baß der
Naumburger, der sonst den dritten und vierten Fall wohl zu
unterscheiden weiß, bei der Anrede höherer, vornehmerer Personen
gern den Dativ „Ihnen" statt des Akkusativs „Sie" gebraucht mit
dem Gefühle und der Absicht, auf diese Weise gewählter, „hoch=
deutscher" sich auszubrücken, wobei er in gleicher Absicht ein etwa
nötiges „sind" durch „sein" ersetzt. Wird er z. B. von einem
feingekleideten Reisenden nach dem Dome gefragt, so kann man von
dem Eingebornen, zumal wenn er „ein gemeiner Mann" ist, den
Bescheid hören: „Sie sein wohl fremde hier? ich wäre Ihnen gleich
hinbringe; da gann ich Sie ohch gleich emal unsen Fribenzthchel
zeiche". Oder er schreibt in einem Briefe: „Entschuldchen Se nor,
baß'che Sie nich ehr geschrihm hawwe, ich wollbe Ihnen immer

felwer befuche". Die aus biefen Beifpielen erfichtliche Bertaufchung
des 3. Falles gegen ben 4. (ich will Sie etwas zeigen, fchreiben 2c.)
befchränkt fich übrigens nur auf die Höflichteitsanrebe; in allen
anberen Fällen fetzt ber Naumburger ganz richtig ben 3. Fall (ich
will bir, ihr, ihm 2c. etwas zeigen, fchreiben 2c.). Auf die er=
haltenen Spuren bes alten Genetivs von „es" in Rebensarten wie
„ich hamw es fatt", wies ich fchon früher hin; wenn ftatt beffen
auch die Form „ich hamweff'n fatt 2c." vorkommt, fo ift in biefem
„eff'n" (e faft nicht zu hören) vielleicht eine Berftümmelung von
„beffen" zu vermuten.

Eine britte Eigenart ift die Einfchaltung bes Dativs zur
Bekräftigung einer Erzählung: „ich war eich rahchenharbe", „ich
wäre b'r bach bänn Schwinbler glowe", ich gunnbe Se geh Glib
rire". Enblich gehört hierher auch ber Fall, baß man fich felber als
eine Perfon außer fich auffaßt unb fagt: „wie ber Schwinbler fort
war, ber uns betrogen habbe, ba bacht'ch: ihr feib bachch recht bumm
gewähft, baffer eich habbt fo leime laffe (ftatt wir finb boch — —,
baß wir uns — —).

Wie fchon erwähnt, bient „felber" zur Hervorhebung — „felbft"
wirb nämlich nur (unb auch bies nur felten) in bem Sinne von
„fogar" gebraucht —, zu welchem Zwecke auch die Einfügung von
„allein" üblich ift: „bas wehß'ch allehne nich = b. w. felber n."

Die befitzanzeigenben Fürwörter, foweit fie von ber Schul-
fprache abweichen, lauten: „mei, bei, fei" = mein, bein, fein;
mein'n, bein'n, fein'n = meinem, meinen, beinem 2c.; „unfen"=unferm,
unfern; „meiner, meine, meins, beiner, beine" 2c. = ber meinige,
bie meinige, bas meinige 2c.; baneben wirb ber befitzanzeigenbe
Dativ „mir, bir" 2c. oft burch „meine, beine" erfetzt: „bei Faber
hat mein'n glehn Bruber gehaut, weil e fahchte, die Schußgauln
wehrn feine"; „gleich gibbfte bas Fibfchefeil her, bas gehehrt nich
beine, bas is meins!" Um bie Bölligkeit, bie Reichlichkeit eines
Maßes auszubrücken, fagt man: „ber is feine fuffzch Chare; bas
Schwein wiegt feine brei Zentner" 2c., wobei bas Befitzfürwort
anbeuten foll, baß bie angegebene Maßgrenze ihm völlig eigen ift,
von ihm ohne fremde Zuthat erreicht wirb.

Bei Fragen fchiebt man gewöhnlich „benn" ein: „was habbe
b'n (ober: habb'en) gefahcht?" Wirb aber biefelbe Frage wieber-

holt, so fällt „denn" weg und dafür wird das Fragewort betont:
„w a s habbe gesahcht?"

„Welcher" dient nur als Fragewort und wird nie als Relativ
gebraucht, indem Relativsätze nur mit „der, die, das" an den
Hauptsatz angefügt werden, fast immer aber unter Beifügung von
„da": „die Anzeige, bide (= die da) gestern im Blabbe schdand
dunn e Manne, derbe bei de Fährde gesucht wärrd, is dunn mir".

Doch giebt es auch bei dem Relativum keinen Genetiv, sondern er
wird durch den Dativ ersetzt: „die Leide, dänns (denen das =
deren) Haus abgebrennt is", „der Mann, dänn seine (dem seine
= dessen) Frau gestormn is".

Die hinweisenden Fürwörter „dieser, jener" werden beide durch
den betonten Artikel ersetzt und im übrigen nur durch Gebärden
unterschieden: „d i e Gulehr gennde mr gefalle, awwer d i e (die
da) gannich nich ersäh". Ebenso wird „derjenige" durch „der",
„derjenige, welcher" immer durch „wer" ersetzt, höchstens in Redens=
arten: „du bist immer derjeniche (auch derjenichte)", d. h. der un-
zufrieden ist, „du wehrschd m'r derjeniche", d. h. der so was ver=
möchte, „ich full immer derjehniche sinn, derde d'n Dummen schbihlt"
ausgenommen. Das in der Schriftsprache mit dem Genetiv ver-
bundene „derjenige zc. wird mit dem Besitzfürwort umschrieben:
meine Ginder unn der Millern ihre (= meine Kinder und die
der Frau Müller) schbilen immer zesamm; mei Grautland und der
Menzeln ihrsch (mein K. und dasjenige der Frau M.) lihchen
näm 'nander. Statt „solch", das im Anwendungsfalle immer
hinter dem Artikel steht, wird auch „so" gebraucht: „so e närrscher
Guri!" Endlich gehören hierher noch die Ausdrücke „unserehns'·
= solche wie wir, und „ehns" = jemand: „unserehns geb f'ch zu
so was nich her"; „in der Dunggelheht brennte nich emal enne
Laterne, da gunnde ehns Hals unn Behne breche"; da muß ehns
in meiner Abwesenheit dagewähst sinn"; „die (= diese) Nacht
hammse (hat man) bei Millersch gemaust." Diese neutrale Aus=
drucksweise, auf die ich schon oben hinwies („e Armes"), erinnert
mich zugleich an die bei uns übliche Form mündlicher Geburts=
anzeigen: „de Ubben hat was Glehnes" d. h. „Frau Otto hat ein
Kind bekommen".

Zum Schlusse erwähne ich noch die merkwürdige Ausdrucks=

weife: mir war'n'er irer achte, fe finn'er irer zwelfe" u. f. w.,
wobei das „ihrer" oft zu „ihre" verkürzt wird; das an das
Hilfszeitwort (waren, find) angehängte =er ist vielleicht das eigentliche partitive „ihrer", während das „ihrer", das vor dem Zahlworte steht, nur vergleichende Bedeutung hat, vgl. unfer einer =
einer wie wir.

Die Zahlwörter.

Die Zahlwörter, foweit fie von der Schulsprache abweichen,
lauten: ehner, ehne, ehns, zwe-e, dreie (die Verschiedenheit der
Aussprache des ei in „eins, zwei" und in „drei", die fich auch in
anderen Mundarten findet, weift auf den verschiedenen Ursprung
diefes ei: ein, zwei — drî hin), fire, fimfe, fexe, fihmne, achte,
neine, zäne, elfe, zwelfe (zwelwe), dreiz'n, färrz'n, fuffz'n fechdz'n,
fibbz'n, achz'n, neinz'n, zwanzch, ehn'-, zweh'n-, dret'nzwanzch, fihmn-
zwanzch 2c., breiß'ch, färrz'ch, fuffz'ch, fechdz'ch 2c. Die Hundert-
zählung wird nach „taufend" wieder aufgenommen: elfhundert 2c.,
ehn'zwanzchhundert 2c.; erft bei höheren Taufenden (und natürlich immer
bei runden Taufenden) findet die Zählung nach Taufenden häufiger
statt. Bei Zufammenfetzungen mit „einhalb" erfolgt in der Regel eine
Zurückrechnung: anderthalb, drittehalb, fihmbehalb, neinbehalb, d. h.
ein Ganzes und das andere halb, zwei Ganze und das britte halb 2c.
= $1^1/_2$, $2^1/_2$, $6^1/_2$, $8^1/_2$. Hierbei fällt mir ein, baß auch mittel-
alterliche Schriftsteller folche gemischte Zahlen in der Weise schrieben,
baß fie das nächsthöhere Ganze schrieben, aber in der Mitte einen
Querstrich durchzogen; eine in der Mitte durchstrichene V bebeutet
also $4^1/_2$.

Preisangaben bildet der Naumburger zuweilen in ähnlicher
Weise: fihmne (Groschen nämlich) weniger e Dreier u. dgl. Auch
Zeitangaben mit Bruchstunden werden auf die nächste volle Stunden-
zahl bezogen: halb neine, breiferrbel uff ehns, e' ferrbel zwe-e =
$8^1/_2$, $12^3/_4$, $1^1/_4$ Uhr. Das Fragen nach der Zeit geschieht nicht
mit „wie viel Uhr", fondern durch: „welch Zeit iff's b'n?"
— Viertelbrüche werden gern noch über ein Ganzes hinaus gebraucht: „fir ferrbel Bohmwulle", fexferrbel Fund Schebbfenflehsch",
„bis Freiborch iffes fihmferrbel Schbunden", „das Duhch lihcht
elf ferrbel, der Garbuhn is gene fex ferrbel bret".

Ungefähre Zahlangaben werden ausgedrückt wie in folgenben

Beispielen: „'s waren so in be zwanzch Leibe da", „so e' zäne, zwelfe (etwa 10—12) sinn dot", „so e' suffz'ch, sechz'ch Schritte weit", „so e' brei, fir Schdunden in ene wäd", „e schbigger neinz'n (ungefähr 19) Scheim'n habbe neingeschmiffen"; bei Altersangaben: „e Mann in be Färz'ch" oder „in ben Färzch'n" oder „e schbarger (= hoher) Färzch'r". Die Zeitbestimmung „e Charer simse, seye" = etwa fünf, sechs Jahre, „e Wuchch'ner (oder e Wuchcher), seye, achde" (= ungefähr 6, 8 Wochen) erinnert mich an das schon er=wähnte „se sinner" (irer sihmne). Während bas „e" = „ein" einen gewissen Zahlenraum als Einheit zusammenfaßt (vgl. so e 15, 20 = ein Ganzes, bas aus 15—20 Teilen besteht), drüdt bas an=gehängte =er wieder ben partitiven Sinn aus.

Andere Zahl= und Mengebegriffe sind: e Bißchen, e Linschen (eine Kleinigkeit, etwa so viel, wie man abbeißen kann, oder wie eine Linse), enne Maffe auch: enne Heye (vielleicht = Meute) = eine Menge (z. B. Menschen), ener, gener = einer, keiner, allerhand = allerlei, nischt, was = nichts, etwas, genungk = genug, märre = mehr. Schon im Mittelhochdeutschen finden wir, aus bem älteren mêrôro zusammengezogen, ein merre, aber beibe mit ber Bebeutung „mehrere"; ber Naumburger spricht bies „mehrere" — wenn er nicht „ebbliche" oder „ehniche" bafür setzt — „mere" aus ('s is schon mere Monabe här), bafür bilbet er ben Superlativ von „mehr" regelmäßig „mehrst" (= meist), gesprochen: mehrscht, vorst. märrscht (br märrschbe Zelleri wärrb bunn Gerchen-berchern gebaut). Statt „alle" sagt man zuweilen „ganz": be ganzen Leibe schrichchen uff emal Hurra; bagegen „alle" für „ganz": sulich bänn Braben „alle" effe? Eigenartig ist ber Gebrauch von „alle" in Redensarten wie: be Dummen währn nich alle; 's Bir is alle. Hier scheint „alle" Adverb, statt „ganz", zu sein. Der schon erwähnte Ausbruck: „bas Bufft" = „höchstens, kaum" ist vielleicht verbal zu verstehen, ba er auch in ber Form: „bas alles bufft" (wie vil währms b'n sinn? zähne, bas alles bufft!) gebraucht wirb.

Umstandswörter.

Als Umstandswörter, die zu Zeitangaben dienen, werden gebraucht die in ben folgenden Beispielen angewendeten: So was is m'r bachch mei Dahche nich (in meinem Leben nicht) bassirt;

er will mich zeibens (von Zeit zu Zeit) befuche; vorrderhand (letzte
Silbe betont, = vorläufig) haww ich genungk; da bin ich allemal
(stets) b'rbei: so was gimmt effb'rsch (effberer = öfters) vor; ich
bin schon vohrbens (vorhin) bagewähst; hernach (hernachbens,
nahchens = nachher) hol m'r bich ab; ba gam m'r be Nacht
gällchens (jählings, ein Wort, bas schon im älteren Teutsch mit g
anlautete) inwwern Hals; das is egal (immer) e Gebimmele; ba
ruhfbe ehns egal (beständig) Hilfe; bas get in ene wäck (in einem
fort, ununterbrochen, wohl mit „Weg" zusammenhängenb) raus un
rein; alleweile (jetzt) hol ich mei Gärschfestzebbchen; musses alleweile
(sofort) sinn? mei Mann gimmt gleich (sogleich); se is ähm (ähmb
= soeben) uffgestanden; ich hawwe nor ähm (eben erst) gegässen;
e war gerabe (soeben) ferrbch geworden; be ganst b'rweile (einstweilen)
fornewäck (voraus) gehe (vgl. „will mir bie Hand noch geben berweil
ich eben lab"); in b'r ehrschde (anfangs) gunnt'chs gar nich gewohne
wäre; ehr (bevor baß = ehe) sche (sie) ntch Abbibbe but, gugg'ch
se nich wibber ahn; wenn (wenn ehr = wann) is b'n bei Ge-
burtsbahch? wie (als) 'ch nachch uff ber Lere war; damals wo (als)
be unber be Sullbaben gahmst; indem baß (während baß =
während) 'ch mein Manne inn Hut hole will, wahre schon z'r Dire
naus; enne ganze Weile (eine ziemliche Zeit lang) haww ich uff
eich gewarrt; heire (heuer) währn be Gorgen (Gurken) rar; hinde
(heute abend) hammer Mondschein; heuer unb hinde sind zwei
Wörter, die, ebenso wie „heute", mit bem gotischen hinweisenben
Fürwort „his, hija, hita (altbeutsch hiù, hia, latein. hic, haec, hoc)
bieser, biese, bieses" zusammenhängen: aus hia naht = biese Nacht
entstanb „hinte" (vgl. „heint, als die bunklen Schatten" in „Wach
auf, mein Herz, unb singe"), aus hiu jaru = bieses Jahr, heuer
(wegen bes Wechsels iu in ju vergl. niu = neu), aus hiù tagù
= biesen Tag, heute (baher „heutigentags" eigentlich basselbe zwei-
mal sagt); jetzte, nachchmibbahche, vohr= ober vorrmibbahche. Nach
bem Beispiele anberer Sprachen bient auch bei uns zu Zeit=
bezeichnungen neben bem 2. ber 4. Fall: „be Nacht (=bes Nachts)
lessit mr be Fänster nich uff" (vgl. ben Luther zugeschriebenen
Denkvers: Der Woche zwier macht 's Jahr hundertvier).
    Ortsbezeichnungen: „Haußen, hinne, hihmn (hihmne, vorst.
hinmne") werben als Antworten auf bie Frage „wo?" — „raus,

rein, rihw'r (vorst. rivwer), ruff ober rahn, runder" als Antworten auf die Frage „wohin?" gebraucht, wenn der Ort bezeichnet werden soll, wo der Sprechende sich bereits befindet; diese Wörter bilden also den Gegensatz zu „braußen, drinne, drihmn (drihmne, vorstäbt. drimmne) — naus, nein, nihwr (nivwer), nuff (nan), nunder", bei denen ein Ort gemeint wird, an dem sich der Sprechende nicht befindet: Gumm dach raus uff de Gasse, bei Bruder is ohch haußen; hier hinne is hibsch warm (ober, wie ein Naumburger Neckrätsel sagt: „Hinte ess'mr Gans, Garbuffeln unn Hinne", das heißt nicht: Kartoffeln mit Gans und Huhn, sondern: ganze Kartoffeln hinne in der Stube); bleib himmne, lof nich nivwer, drimmne is solcher Dräck! Geht ema' nan uffs Nabhaus; ich grihche das Exembel nich raus. Der erwähnte Unterschied wird indessen bei naus, raus — nein, rein nicht immer festgehalten, sobaß man einen Vater schon vor der Thür drohen hört: Na warrbe nor, wenn ich rein (statt nein) gumme! Machstenn, baste raus (statt naus) gimmst? ruft einer dem Hunde zu, den er aus der Stube jagen will; die Jungens glebberden so lange an der Ahnzucht rumm, bis basse alle bebe rein (statt nein) filen. Sihst'nenn nich? Dorthier (vorstäbt. jält = dort) schbehbeje! Mir wohn'n ohmne (oben); nune (nun) simmer balde heme (vorst. u. bäurisch: br'heme = daheim); ihr wullb wol schone (vorst. schohnst) zehause (nach Hause) geh? Ja, meine Frau is mibben Ginbern schon vornewäck (voraus); ich suche meine Sachen ämbei (herbei); allerwähchens (aller Wege, auf allen Wegen = überall) lihchen Brodrinden rumm; e wohnt gleich lingger Hand (links) am Fihbore; fornewäck (voran, zuerst) gahmb de Feierwehrmusihge.

Andere Umstandswörter, namentlich zur Bezeichnung der Art und Weise: De Schbuhmsbire schband schbrangelweit (sperrangelweit) uss; das gennt'r nich verlange, baß 'ich eich immer forr Langeweile (umsonst) uffhibbe: forr Langeweile (zum Zeitvertreib, umsonst) machch ich so enne Arweit nich: das Bräd is nich langk satt (genug): die Mauerzihchel da sinn iwwerleh ober iwwerleht (überzählig, übrig geblieben); e is emmende (am Ende, vielleicht) dot; na, da reiß nor dänn Ruck nachch fulchens (vollends) ganz enzweh (entzwei); das machch'ch so beiahn (nebenbei): se schreibt balde (fast) alle Dahche an ihren Schatz; dorthier schbehn ganz

(ſehr) vile Hebelbehre; du frihrſcht awwer nich ſchlecht, du ſihſt
je ornblich (nahezu, förmlich, merklich) blau aus; e war rene (gerade)
wie beſuffen; ich war b'r renewäck (erſte Silbe betont, gerabezu)
wie gelähmt (auch gelehmt); ſe war rene (völlig) wäck (ſie ging
völlig in ihm auf, = vernarrt) in ihren Schaß; e' war ſere grank,
awwer alleweile gehts je ſo hallwähche (leiblich); da brauchſte
hallwähche (ober ſachbe = halbwegs, nicht ſehr) zu ſchbaßen; gibb
uffn Wähch achbchen unn gek hibſch ſachbchen (ſachte, leiſe); Eich-
horns hamm mehch (angeblich) ſchmälich (bebeutend) in b'r Lubberi
gewunn; du biſtche helliſch (verteufelt, ſehr) fix ferbch geworden;
ſiße bachch nich ſo quärlähtſch (ungeſchickt, quer, breitſpurig) da!
der Emmer is geſchwebbte (zum Ueberlauſen, Ueberſchwebben) full;
der Gorb iſt gehauſde full Ebbel; geſchlichbe (== eben) full; der Sal
war gerabbelbe ober geraſſelte (gerüttelt) full Menſchen; be Gerche war
an Himmelfahrt geſchbobbbe (geſtopft) full; na, da ſahch dach ze wenich-
ſtens (zum minbeſten, wenigſtens) gubben Dahch; wo mullmer'n zu?
(= nach welcher Richtung wollen wir denn gehen); das is je e rechber
(= recht) alber Hut, bännbe uffhaſt! da gunnbe m'r bachch nich
gut neh (nein) ſahche; das zuſtimmenbe „ja“ klingt in ber ſingenben
Munbart bes Naumburgers faſt zweiſilbig: ja-a. Als Abverb von
„ſchnell“ wird „brabb“ angewanbt: lohf e bißchen brabb (ober fix);
„niebrig“ wird nur als Eigenſchaftswort: enne nihbriche (vorſt.
nibbriche) Schbuwe — „nieber“ nur als Umſtandswort gebraucht:
e gnibe nibber. Die Reihenfolge bezeichnen: vorſch ehrſchte ꝛc.

Bekanntlich ſtimmen in unſerer jeßigen Schriftſprache die
Umſtandswörter ber Art unb Weiſe („ber Schüler ſchreibt ſchön“)
mit ben Eigenſchaftswörtern, von benen ſie ſtammen, äußerlich
überein („die Schrift iſt ſchön“), im älteren Deutſch unterſchieden
ſie ſich aber baburch, baß bas Umſtandswort noch ein e annahm
unb außerbem ben Umlaut, wenn ſein Eigenſchaftswort einen ſolchen
hatte, in ben Grunblaut zurückverwandelte; auf dieſe Weiſe waren
„ſchön, fern, feſt, lang, ſpät“ ꝛc. als Eigenſchaftswörter, „ſchon,
ferne, faſt, lange, ſpat“ als Umſtandswörter erkennbar. Die Schulſprache hat bies [treffliche Unterſcheidungsmittel fallen laſſen, der
Volksmund ſagt aber noch immer: ich gumme balbe, ich bin ſchone
ba, bas geſellt m'r ſere, was machmern nune, biſte ſchbille? ſo was
hehrt m'r gerne, bas bauert uns ze lange, halt feſte, gek ſachbe ꝛc.

Das „am" des Superlativs wird nur vor f wie „am", sonst
wie „ann" gesprochen: das gefällt mir ann schennsten, am feinsten.

Hier ist endlich wohl auch der Platz für drei adverbiale
Redensarten: ich gunnde mache was ich wullde, c' gingk m'r nich
vunn abhenden = er ließ sich nicht abweisen („ab" wurde noch
zur Zeit des 30jähr. Krieges als Präposition gebraucht, jetzt thun
dies nur noch die Schweizer: ab den Bergen = von den Bergen
weg, abwärts; also ist ab Händen = von der Hand weg, vgl. auch:
vor den Beinen 'rum laufen); ich gammer nich helfe, atwwer du
bist dachch zu dumm = ich kann nicht umhin, dir zu sagen, daß ɔc.;
du scheinst m'r je nach bil in Willens ze hahm = du scheinst
uoch viel vorzuhaben (sonst findet sich in der Schriftsprache
nur der Prädikatsgenetiv „willens sein": ich bin willens, ihm
zuvorzukommen (Schiller), aber auch 1. Sam. 2, 25: der Herr
hatte willens sie zu töten; ja sogar bei Lessing: die hatte noch
viel vor ihrem Tode in willens).

Verhältniswörter.

Der seit Alters, nicht nur bei Luther, sondern selbst bei Goethe
und Grimm noch zu findende Brauch: „bei" mit dem vierten Falle
(auf die Frage: wohin?) zu verbinden, ist in Naumburg noch allgemein üblich: „e Mann bei be Fährbe wärrb gesucht"; „gumm
heibe ahmb bei mich, m'r wulln zesammn e bischen bei Forchts
geh". Natürlich besteht daneben auch die Dativ-Konstruktion auf
die Frage: wo? Mei Breib'ch'n schdet bei der Abulleri. — „Auf"
= uff dient auch als Zeitbestimmung: Uffs Gerichsfest bauber eier
Zelt nähmn unser Zelt: ing (= den) Grautzins bezahlm'r uff
Michehle. — In dem nämlichen Sinne kann man aber auch „zu"
anwenden: zung Gerichseste, zu Michehle, zum Mannschießen, zun
Schweinemarchde. „Uff" wird auch adverbial für „offen" (be Dire
is uff, 's zit), „zu" für „geschlossen" gebraucht (neh, se is feste zu!).
Während hier das „zu" betont wird, spricht man es als eigentliches
Verhältniswort nur wie „ze" oder doch bloß mit ganz kurzem „u":
da mechdem'r sich dachch ze schande ärchere; zubber Einfassungk
nimb nor gehnc so (oder ze) schmale Borde. (Im Mittelhochd.
wurde dies unbetonte „zu" ze geschrieben: ze erest = zuerst.)
„Um — herum" wird ziemlich schulmäßig ausgesprochen, sobald
es sich um Orts- oder allgemeine Zeitangaben handelt (um

Margrehchels 'rum haww ich um be Meſſe 'rum viel reiſe
Gorgen geſähn); ſobald er aber eine ungefähre Uhrangabe machen
will, ſagt der Naumburger „umme — ˙rum": „umme dreie rum
wär ich wol wibber da ſei", ober auch „ſo umme": „'s wärrb wol
ſo umme zwelſe gewäſen ſinn"; „um (nicht umme) zwelſe, dreie"
würde dagegen „gerade um 12, 3" bedeuten. — Während die
Schriftſprache mit „vor" meiſt den Begriff der räumlichen ober
zeitlichen Trennung verbindet, hat dieſes Verhältniswort in der
Mundart auch noch die Bedeutung des in -Berührung-kommens:
e' braden bachch vorrn Leip, baß ich bachbe, e ſlehch vorr be
Want." — „Halben" iſt faſt nur in der Redensart „meinethalben" ꝛc.
gebräuchlich; baneben gebraucht man noch die jüngere unb ſchlechtere
Form „halber"; „Schulben halwer habbe miſſen abgeh; ſo enner
Gleniggeht halwer machbe ſo Lärm." Das für meinethalben auch
gebräuchliche meinetwegen wird gern „meinswähchen" ausgeſprochen,
doch erſtreckt dies „s" ſich nicht auch auf „bein'twähchen" ꝛc.
　　Da ein eigentlicher Genetiv in unſerer Mundart nicht beſteht,
ſo werden alle in der Schulſprache den zweiten Fall regierenden
Verhältniswörter mit dem dritten Fall verbunden; als ſolche ſind
übrigens nur: „halben, wegen, während, troß, ſtatt" (während'n
Singen, druß bänn ſchlechten Wäbber) in Gebrauch, unb zwar wird
„ſtatt" (ſchbatt, auch ſchbaß, anſchbatt, anſchbaß) teils mit dem
3. Falle (ſchbabben Hoſen bringt e mir'n Ruck), teils, unb häufiger,
mit dem 4. Falle (der nimmt gleich be fimf Finger ſchbabbs
Schnubbbuch; e hatt ſ'ch anſchbaß e Fährb bloß e Ußen gegohſt)
verbunden — jenes, wenn man „ſtatt" auf das Hauptwort, dieſes,
wenn man „ſtatt", als Konjunktion, auf das Zeitwort bezieht.
Nur bei „beſſerwähchen" (auch beſſert- ober beſſwähchen) unb
„ſchbabbs Deiwels" (= überflüſſigerweiſe, umſonſt: ich bin bachch
nich ſchbabbs Deiwels härgegumm'n!) unb bei „ſchbatt deſſen" hat
ſich der 2. Fall erhalten. Das leßtere erinnert mich an „unter-
deſſen", worin „unter" mit zeitlicher Bedeutung vielleicht ebenſo
ben 2. Fall nach ſich zieht wie bei „underwähchens" (= unterwegs)
unb „under der Gärche" = zur Zeit des Gottesdienſtes. Beide
Wörter (ſtatt deſſen unb unterbeſſen) pflegt der Naumburger auch
burch „b'rweile" zu erſeßen: ich bachte, ich grichb'n geſchenkt, b'rweile
(= ſtatt deſſen) mußt'ch'n beier bezale; eſſt nor b'rweile (= unterbeſſen), ich muß ehrſcht nachch was mache.

Soll ein Verhältniswort mit einem alleinstehenden „diefer"
oder „welcher" verbunden werden, so wird statt „diefer": „daber",
statt „welcher": „wober" gesagt und das Verhältniswort angehängt,
wie ja auch die Schulsprache in solchen Fällen „diefer" durch „da",
„welcher" durch „wo" erfetzt. Für Schul= und Volkssprache ist aber
dabei Bedingung, daß „diefer, welcher" sich nicht auf Menschen beziehen. So sagt also der Naumburger: dabermit, dabernahch,
daberbei, daberhinder, dabernähm, wobermit, wobernahch, woberbei,
woberhinder, wobernähm ꝛc. = damit, danach, dabei, dahinter, da=
neben, womit ꝛc. „Dabervor, wobervor" steht sowohl für „davor,
wovor", als auch für „dafür, wofür", und auch in letzterem Falle
wird „vor" lang gesprochen, während doch sonst „für = vorr"
(vorstäbt. „verr") gesprochen wird (verr e Seger Nädchen", „awwer
e bischen reichlich, 's is vorr e Grangges"). Wenn das Verhältnis=
wort vofalisch beginnt, so fällt das e aus daber, wober weg: da=
driwwer, dabruff, wobrauß, wobrunter, dabrahn; man sagt auch
dabrinne, wobrinne, obgleich „in" sonst schulmäßig einsilbig gesprochen wird. Vor „durch" wird nur „da, wo" gesetzt: daborch,
woborch. Auf Verhältniswörter, die den Genetiv regieren, findet
die Regel von „daber" überhaupt keine Anwendung. Oft werden
jene Zusammensetzungen auch getrennt: da geht m'r nischt
briwwer; da gammer nischt bermit ahnfange; jetz b'ch dahin,
wo beine Großemubber bruff saß". Ist aber das in „wober"
stedende „welcher" als Fragewort aufzufassen, so findet die Trennung
meist nicht statt, sondern man sagt: wobraus hafte b'n (oder haft
'enn) gebrunken? Häufiger noch wird aber bei der Frage überhaupt nicht „wober-", sondern die Präposition mit „was" angewendet:
„aus was hafte b'n gebrunken?"

Das nur in „bermangl" und „midben mangl" gebräuchliche
Verhältniswort „mang" = unter (vgl. „Gemenge" und das eng-
lische among) ist vielleicht aus Niederdeutschland eingeführt und
wird mit dem Dativ verbunden: „der glene Vorbs lief immer
midben mangl den großen Ginbern mit fort".

Bindewörter.

Bindewörter werden wenig angewendet, da die mund-
artliche Syntax das Sprachgefüge möglichst einfach gestaltet und

abhängige Säße gern vermeidet. Mit Vorliebe werden die Säße mit „und" aneinander gereiht, oder mit „aber" einander gegen- über gestellt: „e ruhßbe mich unn weil ich gerabe Zeit habbe, gingk ich hin unn frahchben, was e wullbe unn ba fingk e gleich ahn unn schimbbe, awwer ich war ohch nich schbille unn fahchben meine Menung unn ba worb m'r e Bar". Der Infinitivfaß mit „zu" wird überhaupt stets mit „und" umschrieben: bis bachch fo gut unn bezale mal vorr mich = fei boch fo gut, — — — zu bezahlen.

Das gegenfäßliche „aber" wird zuweilen (ober, wie ber Naum- burger fagt, „manchmal") erfeßt burch „indes", fehr felten auch burch „bachch" = boch, jeboch (ich gabbmer alle mehchliche Mihe, indeß — ober: bachch — 's fruchbe nischt). Um fo häufiger wird bas befräftigenbe „boch" angewenbet: mache bachch! bas bachtchm'r bachch! Unn bu bifts bachch gewähft! Eine andere Entgegenstellung wird bewirkt burch „bahinggehchen" (uff bänn is je geh Verlaff, bahinggehchen mei Baber, wenn ber was fahcht, ba gannfte Gift bruff näme) unn „b'rweile" (e bachbe wunder, was e zu Weinachben grichbe, b'rweile wahrfch nor enne bomwullne Wefte), fowie „fchbatt" oder „anfchbabb baß", auch „fchbaß" (fchbaß baß es beffer geh fullbe, worbes immer fchlechber). Diefes „ftatt" berührt fich mit bem vergleichenben „ftatt": e nimmt gleich be Gawel fchbatt (= als) Zahnfchbuchcher.

Im übrigen verwendet man bei Vergleichungen, auch nach bem Komparativ, fowohl „als", als auch „wie", ja fogar „als wie": „bei Bruber is elber wie meiner"; „bu bift je bimmer als wis be Bohlezei erlohbt". Die Volksfprache geftattet fich hierin alfo eine Freiheit, beren fich auch die beften Schriftfteller bebienen, wenn fchon fchulmeifterliche Grammatifer bas Recht bazu beftreiten. Dies „als wie" vertritt auch zuweilen bas erflärenbe „bas heißt": „e machbe enne Mine als wie: „wenne bachch nor ehrfcht 's Maul hiel." In ähnlicher Weife wird „was" zur Erläuterung benußt, z. B. „bie ehne Hoße, was meine gube war, ham fe m'r gemaußt."

Das vergleichenbe „zu" wird burch „fo" ausgebrückt (bringk nich fo vil, be werrfcht grangk), bas vergleichenbe „fo" nimmt ge- wöhnlich ben Artifel hinter fich (ba lahß fo e großer Haufen = ein fo gr.) ober wird auch burch „folch" erfeßt: e folchen guben

Mehfter finbfte nich gleich wibbcr: folche liberliche Leibe gann ich in mein'n Haufe nich gebrauche.

Die Antwort „ja" wird mit vollem **a**, das konjunktive „ja" aber nur mit kurzem **c** gefprochen: je', ba gann ichche dachch nifcht b'rvor; 's is je gar nich war, 's finn je bloß zweh Leibz'cher Elen. Andere Bindewörter zeigen folgende Beifpiele: wennde (auch: wennfte) mir hilfft, ba (fo) helf ich b'r hernach och; ich glubbde fo lange, bis baß (= bis) jemand 'rein ruhfbe; mei Baber fragde, obbe (auch: obsbe) fchone (auch: fchohnft) gegeffen hettft unn ob (auch: obben) Se nune mit fchbaßire ging'n; indem daß (= während) 'ch einfchbeiche wullbe, verlor ich mei Borbemanneh; na, nu (ober nune ober numehro) wehr m'r je foweit; ich muff'en verglahche, außerdem (= es fei denn) e bezalt uff der Schbelle, indem baß (= da) ich mei Geld nich lenger embäre gann.

Ausrufe.

Wenn der Naumburger jemand anruft, fo thut er das mit „hehre", „hehrt" ober „hehr'nfe!" (= höre 2c.) vorft. herrfchte. Um zur Eile anzutreiben, ruft er: allo! (2. Silbe betont, = franz. allons), beim Grüßen fagt er: herr Diner (= Jhr Diener), beim Abfchiede: habcheh! (= Abieu!); „härre!" drückt ein etwas er= fchrecktes Erftaunen aus (härre, das hawm ich in'n Dob nein ver= geffen! härre, das gab b'r awwer e Gnall!): ichä! mit kurz unb fcharf betonter zweiter Silbe = keineswegs, franzöfifch mais non (bu denkft wol, e hat bezahlt? ichä, geborcht hat es!); ihe! (mit lang gedehnter erfter Silbe) bezeichnet die eigenfinnige Weigerung unartiger Kinder (ihe, ich mak awwer nich!); ähtfch! ift, namentlich im Kindermunde, ein Ausbruck der Schadenfreude (ähtfch, du haft Haue gegricht!); ähts! ift ein Ausruf des Ekels unb Abfcheues; i! ganz kurz hervorgeftoßen, drückt balb ungläubiges Verwundern (i, wer hat 'en das gefahcht?!), balb einen mißbilligenben Verweis aus (i, wer wärrb'n fo was mache!); ich dachte gar, ober i liwer gar = Ueberrafchung, Verwundern (wehftes b'n fchone, be albe Weifen is dot! J liwer gar, wenn b'n?); zur Bekräftigung dient dem Naum= burger: weß b'r Härre! (ich hawwe w. b. H. gene Ahnung! b'rounn!); ein beliebter Fluch ift „Gutt verbella!" ober „G. fchbrehche", während der der Vorftädter ihnen den Spißnamen „Dammicher" eingebracht hat.

Namen.

Von Vornamen erwähne ich: Luwwi (auch Luhz, mhd. Luz),
Luwwise (Louis, Louise), Ehmile (betonte erste Silbe = Emilie),
ebenso Bauline, Aube (August), Nände (Ferdinand), Ebe (oder
Edewarb), Ussel (Oswald), Male (Amalie), Ubbo (Otto, welcher
Name als Zuname aber „Ubbe" gesprochen wird), Hulde (Reinhold),
Lore (Eleonore), Rubel (Rudolf), Jbba, Linna, Menne (Hermann),
Gläre (Klara): „Karl" wird bei lautem Rufen zu „Garril" gedehnt.
Im allgemeinen werden Vornamen hinter den Zunamen gesetzt:
Schebben Garl, Schneider Ubbo, Miller Lene. Der Ton liegt
dabei scharf auf dem Zunamen, dem der Vorname wie bloße Neben-
silben angehängt wird: so unterscheidet sich „Senger Franz" deutlich
von „Sengersch Franz", welche letztere Form nie als Anrede dient.
— Der Zuname „Hoffmann" wird stets „Hofmann" ausgesprochen.

Die Benennung der umliegenden Ortschaften hat sich aus dem
bäurischen Dialekte auf den der Stadt übertragen. So heißen
Grochlitz Gruchls, Schellsitz Zellscht (in dem Erbzinsbuche von 1733
ist dies wieder zu „Zellstädt" fortgebildet worden), Schönburg Schemm-
borch, Eulau Eila (1733: Eula, vgl. bei S. Braun Weicha-Weichau),
Dobichau Duhwicht, Marktröhlitz Margrehchels, Pöbelist Bebbels (1733:
Bethlitz), Kleinjena Glehchehne, Möllern Mäller, Punschrau Bunscher,
Fränkenau Frenggel, Hassenhausen Assenhausen, Crölpa Grellp,
Prießnitz Brissens, Janisroda Channsrode, Reidschütz Reidsch, Boblas
Buwwels, Droitzen Drezen, Scheiplitz Scheibels, Flemmingen Flä-
michen (Adjektiv: flämisch), Wethau Wibe, Possenhain Bussenhahn,
Abtlöbnitz Abblemns (1733: Abblöbnitz), Mollschütz Mullscht, Rathe-
witz Rahz, Leislau Lisslau, Balgstedt Balscht, Scheidungen Scheidch'n,
Nebra Nähwr, Eckartsberga Eggerschberche, Buttstedt Butscht. —
Ferner die aus folgenden „Denkversen" — die natürlich nur ein
scherzhafter Ausbruck des Volkshumors sind — ersichtlichen: „In
Blude, Blennsch unn Britz (Prittitz), da hat der Deiwel sein'n
Sitz": „in Blude, Britz unn Blennsch (Plennschütz), da wohnt geh
guder Mensch": „in Blennsch, Britz unn Blude (Plotha) wärrd
ehn' nich wol ze mude": — „in Gige (Gielau) is b'r Damm
geblatzt, da sinn be Bauern ausgegratzt": — .... in Wetterscheid,
wo unsen Baster sei Grautland leit". — In der Stadt selbst giebt
es den „Cherchenberch" (Georgenberg), die Gegend „an" oder

„hingern Muhrzen" (ironiſche Bezeichnung für das Moritzviertel), „de neien Gidder" (neuen Güter), de „Muhrzwihßen" (Moritzwieſen), den „Fridenzihchel" (Friedenshügel), den „Gutzagger" (Gottesacker) und den „Eiſenplatz" (Reußenplatz).

Von den Zeitbezeichnungen ſind erwähnenswert: Dinnsdahch, Mibbewuchche, ze Mibbahche (zu Mittag), Channewar, Ferwerwar, Nohjember, Dehzember, Jahßnachden, Chehanne (Johannis), Michehle (Michaelis).

Dies letztere Beiſpiel zeigt, daß ein Vokal, der mit „e" zu= ſammentrifft, ausfällt; alſo Michehle = Michaelis, Gerchen = Georgen, Dehdor = Theodor, Lehnhard = Leonhard, Lehbold = Leopold, Mabbehs = Matthäus, Andrehs = Andreas, Elenore = Eleonore, Chehmehder = Geometer, Schberrihn = Stearin; ähnlich: Dohwihs = Tobias.

Fremdwörter.

Aus dem weiten Gebiete der Fremdwörter kann ich natürlich nur einige wenige hier aufführen, denn es kann ſich hier nicht darum handeln, feſtzuſtellen, wie der „gemeine Mann" ſich mit gelehrten, ihm oft gar nicht verſtändlichen Ausdrücken abfindet, die ſeinem Sprachbewußtſein nur äußerlich anhaften. Hier kommt es nur auf die wenigen an, die dem Volke ſo zu ſagen in Fleiſch und Blut übergegangen ſind und dabei allerdings manche Laut- und Begriffsveränderung erfahren haben. Ich erwähne nur die folgenden: Abullerih = Artillerie; aggrat = akkurat, ſauber, genau (unſe Uffwarbung is enne recht aggrade Frau; mei Geſelle arweit langſam, awwer hehchſt aggrade); dies „genau" führt manchmal zu einer durch die Lautähnlichkeit unterſtützten Vermiſchung mit „gerade": „das is je aggerade, als wie wenns uff mich abgeſän wehr!" abſ'lviren = obſerviren, betrachten, wahrnehmen (Begriffs= vermiſchung mit abprobiren): abſ'lvirn dachch emal, obbe nich lintſch is; das haww ich ſchon immer abſ'lvirt, wenns Freibahchs rähchent, rähchents in Sunndahch ohch; das geht nich ſo fix, wide denkſt, das muſſ mr ehrſcht genau abſ'lvire. Babuſchen = Haus= ſchuhe; Beiatz (erſte S. betont) = Bajazzo; Barrigge = Perücke, vgl. Barreiter = Bereiber; Baſchicheſchir = Paſſagier, ähnlich: Reſchorſche — Reſſource; Scharſchant = Sergeant; Brehmiche =

Prämie, ähnlich: Lihniche = Linie; Famihliche = Familie; Ber=
midde = Pyramide; das Breh = Borrang (vom latein. prae =
voraus; du bilbst dir wol gar ein, baß de hir 's Breh allehne
haſt?); breiſch, ruſchſch, ſechſch, franzehſch = preußiſch, ruſſiſch,
ſächſiſch, franzöſiſch; baballchen = ringen, wälzen (franz. bataille
= Kampf: bei eich is gar gene Ordnung, alle Sachen baballcht'r
uff enen Haufen); breſendiren = prätendiren (da haſte gar niſcht zu
breſendiren dran); broſſendiren = profitiren; bei „paſſiren" meint man
nicht bloß, daß ſich überhaupt etwas ereignet, ſondern daß dies Bor=
gefallene etwas Unangenehmes iſt (ich weß nich, mei Schwihcherſon
ſchreibt gar nich, da muß was baſſirt ſinn); Basderſchbunde = Konfir=
mationsunterricht (in ähnlicher Weiſe verflacht ſich in allen Fremd=
wörtern die Endung =or zu =er: ſo iſt der Familienname Pfiſter aus
dem mhd. phister, dieſes aber aus dem lat. pistor entſtanden und
bedeutet alſo „Bäcker"); biſchgeriren = ein Discours halten; ſich
verbeſſendiren = ſich verantworten; dehbeniren = beſtimmen, aus=
erſehen (den Daler, den ich verloren hawwe, denn hattch extra
drzu dehbenirt, daſſ'ch mr wullbe was zegube du); demmeliren =
demoliren (fließt zuſammen mit der Vorſtellung von „demmeln" =
auf etwas herum tummeln, zertrampeln): Daſſ'nd = Taſſet;
Forſche = Force; Kraſt (forſchirtes = farcirtes Kraut); ſingeriren
= fingern (vgl. hantiren); Gahnebeh = Kanapee, Sofa; Garbuhn
= Kattun; Gahſche = Gage und Gaze; Ganditer Konbitor (wohl mit
Anklang an Kandis); Griſtir = Kliſtir; Gummi (erſte S. bet.)
= Commis; Gurrahſche nicht bloß wie courage: Willenskraft,
ſondern auch = Körperkraft (geht wäck, du haſt je gene G., laſſ
mich emal behnin, ich hawwe ſchone zwe Zentner uff ener Axel
gebrahchen); gunjeniren = cujoniren, peinigen (wenn ſ'ch der emal
was ing Gupp geſetzt hat, da ganne ehn g. bis uffs Blut); in=
dereſſirt ſein = genau, etwas geizig (wer wärb'n nor ſo i. ſei
wähchen e bar Flaum!); Luſch (franz. louche) = lüberliches
Frauenzimmer; Lagritzchen = Lakritzen (vgl. Herlitzchen = Her=
litzen, auch der Name „Lützenberg" wurde, als er hier noch beſtand,
meiſt Litzchenberch geſprochen); Margedäner = Marketender;
Muhzchohn = Motion (ich willmer e biszchen M. mache un mei
Hulz ſelwer ſchbelle); den Kellner nannte der Naumburger noch
bis vor wenig Jahrzehnten nur „Margehr" = Marqueur; bei

„Mufifer" wird von uns die zweite Silbe betont; unter Mufihf, Mufihge verfteht der Naumburger nur Inftrumentalmufif: marche= niren (auch einmarcheniren) = mariniren: mafchiren = marfchiren; fich vermunggiren = widerfprechen, fich zu rechtfertigen fuchen (von franz. se moquer „fich über jemand aufhalten": vermunggire dich nich nachch = fchweig ftill!) morbfafriren = maffafriren; Nahfche = Eile (frz. la rage, Wut: ich hawwe in der N. e falfchen Hut ahngerappt); Naffe = Sorte, Art Menfchen (verächtlich); Nelle'chon = Religion: rummeniren = ruiniren: Schganbal, Schbefbagel = lauter Lärm; Schbarrenzchen = Ausflüchte, Extra-vaganzen (lat. sperentia; mach nor gene Sch. un bezale mich! mit dänn bar Grufchfchen gammer gene großen Sch. mache): Sehbafte = Subhaftation (die ältere Gerichtsfprache bezeichnete den Zwangsverfauf nämlich ftets als Verfauf sub hasta): Serrfe-latworfcht = Cervelatwurft (umgefehrt wird bei Sellerie das c des franz. céleri wie z gefprochen: Zellerih): Subberbent = Superintendent: fimmefiren = nachdenfen (mit Anflang an „finnen"): die Gomfermande = die Konfirmandin.

In einigen Fällen zeigt die Mundart Neigung, fremde Wörter durch deutfche zu erfetzen: fo nennt der Naumburger einen Kanal eine „Ahnzucht", ein Podium einen „Dritt", dagegen eine (lärmende) Szene einen „Uffdritt" (Auftritt, wie noch in der Dramaturgie üblich): die Tuberfulofe bezeichnet er als „Auszehrung", die Epilepfie als „böfes Wefen"; einen Arbeiter, der recht fauber und peinlich genau arbeitet, nennt er nicht exaft, fondern einen „eichenen" oder „ehchenfinnichen" Arbeiter: der fchon erwähnte Commis heißt bei älteren Naumburgern häufiger „Handlungs"- oder „Kaufmanns-diener", und wenn wir von „Schülern" fprechen, fo meinen wir damit faft immer folche höherer Lehranftalten.

Die Satzbildung.

Über diefe ift nicht viel zu fagen, da der gewöhnliche Mann feine Gedanfen meift in fchlichten, einfachen Sätzen ausbrückt, die weder funftvoll periobifch in einander gefchachtelt, noch zum Zwecfe ftiliftifcher Abwechfelung mannigfaltig geftaltet werden. Ich fann

daher nur einige syntaktische und andere Eigenheiten erwähnen,
die aus folgenden Beispielen ersichtlich sind: Was mir Naumborger
sinn, mir nähmns nachch mit eich Weißenfelsern allemal uff; d'r
Behrschensaal das is der grehste Sal mit in der Schdatt; hebber
'n dachch laßt schdubire (= stubiren lassen); wenn d'es dänn geborcht hast, da biste drum; bei abnehmenden Monde laß ich m'r
nich be Hare schneide, da harww ich e awer derbei; die Leide die
schbrechen immer, in dänn Hause schbuhgts; ein Kinberreim beginnt:
„denkt ihr denn, Mädchen die (statt die M.) sind teuer?!"; bei
mein'n Vaber da wohnte damals e Meier, der habbe acht Ginder
(statt: der 8 K. hatte); mei Bruder hat eier Fenster neingeschmissen
— aus Versehen hehßt das; wo wullmer d'n zu? ich gab d'r
das Geld, um dir enne Hose zu gohsen (statt: damit du rc.) unn
du verseiffts; nimb nor bei der Hitze halwäche e Glehb, was de
(= das) nich so warm is; das is b'r ganz recht, was (= warum)
machste ohch solche Sachen; wenne dachch nor 's Maul hiel (= hielte);
das „denn", das man in Fragen einzuschieben pflegt, verschmilzt
häufig mit dem vorangehenden Fürworte: bist'en, hast'en, wullen
S'en? Hat ein Naumburger nicht verstanden, was ein anderer
zu ihm gesagt hat, so fragt er nicht „wie?", sondern „was?"

Vielleicht ist hier der Ort, zu besserer Veranschaulichung der
mundartlichen Stilisierung eine zusammenhängende Probe unserer
Sprechweise zu geben. Als solche Dialektprobe pflegt man sonst
das Gleichnis vom Säemann zu wählen: ich möchte das vom ver-
lorenen Sohne vorziehen, weil der Gedankengang hier mannig-
faltiger ist:

's war emal e Mann, dänn seine Frau war geschborm un e
drib nu seine Wärtschaft mit sein' zwee Chungens. Der ene
d'rwunn, was der chinggste war, das war awwer e unruhicher
Gopp, der wullde gar ze gerne in de Frembde, un enes schehn
Dahchs sagte forr sein' Faber: „Faber, sahchbe, wehste was, gibb mr
mei Midderliches, ich mache fort vun hir." Sei Faber zahlben
also sei Erwe aus un der Son machde fort, weit, weit fort, ich
glowe gar inwersch Mer. Na, da läbbe nune wie Gutt in Frank-
reich, begimmerte sich um genne Arweit un dachde dachch, 's werrbe
nich alle. Awwer cre sichs versah, da war'n bie bar Daler alle un
e mußte sich nach Arweit umbue. Dazemal war awwer gerade enne

rechbe schlechbe Zeit un e mussbe enblich jro sinn, dassen e Bauer als Schweinehärrbe annahmb. Der Lon war je da nu freilich nibbrich un rehchbe nich hin un nich her un e mussbe manchmal zefriben sei, wenne bunn den Garbusseln, die borr be Schweine geguchcht worden, e bar borr sich behalbe borfte. Da bachbe so manchmal, wenne so mit sein'n Schwein'n drauß'n rum war, in sein'n Gebanggen: „Wehrschbe bachch zehause bei deinen Faber geblim! da hats je weß b'r Härre bei uns zehause e Dahchelehner besser, der gann s'ch ze wenichstens satt äsfe!“ Gorz un gut, e ginb'chbe sein Dihnst unb wanberbe widber heme. Wie e nu widber bei sein Faber war, da sahchbe borrn: here Faber, ich muss dich sere um Verzeiung bibbe, denn du werscht mr gewiss recht bese sei, dass'ch damals so bummihrich war un mit aller Gewalt fort wullbe; ich wer je ehchenblich gar nich mer währt, dassbe mich borr deinen Sohn ahnsihst; ich wer je awwer schone zefriben, wenn ich als Dahchelehner bei eich sing gennbe.“ Da wullbe awwer sei Faber nischt broun wisse, denn e habbe sich immer in Schbillen um den Chungen gegrehmt unb habben nich bergesse genne un wie enn nune widber bei sich habbe, da ware nor fro, daß der Chunge nachch gesund war, un e ruhfte ehn bun sein Leiden un sahchbe: Gäbbt bachch emal mein Sone e bar ganze Schbiweln un ornbliche Sachen ahnzezihn; iwwerhaupt wullmer uns emal was zegube du, weil mei Son widber ba is, denn ich habbe je schone gebacht ich wärrbn nich widber ze sän grihchc. Schlacht bachch emal bas sebbe Galb was m'r in Schballe hamm, un bann wullmer alle zesamm recht frehlich sinn. Wie nun ussin Ahmb der andere Sohn bun Felde hem gam unb hehrbe, wasbe borgefallen war, da wullbe ehrscht gar nich nein geh in be Schbuwe un wie sei Faber rausgam unn 'n zurebbe, da sahchbe: „Ich wehß gar nich wie du bist, Faber! Ich hawwe mich hir bei dir geblahgt un jahrausjahrein for dich gearweid, be hast awwer noch niemals nich dergleichen geban un hast m'r nach nich sovihl ahngeboben, daß 'ch mr ohch emal hebbe gennt e guten Dahch mache mit mein'n Begannben: un hir lefft be gleich 's beste bun unsen Gelwern schlachte.“ Da antworbe sei Faber bruff: „J, wer wärrb'n nor so sinn! Mr wulln uns bachch liwer freie, daß m'r unsen Chungen gesunb widber hamm: 's is je bachch bei Bruder

un be habbſt gewiß ohch gebacht, be wärbſt’n nich wibber ʒe ſän
grihche in dein Lähm. E hat genungg unb ſatt ausgeſchbanden
da braußen in ber Frembbe, wärenb baß bu immer hibſch ʒehauſe
gewähſt biſt. Na un was bas ahnbelangt, baß be gearweit haſt —
’s is je bachch emal alles eire!

———

Schluß.

Was ich im Vorſtehenden geboten habe, iſt nur ein Umriß
unſerer hieſigen Mundart; dieſer Umriß ſollte im weſentlichen nur
eine Materialienſammlung, eine Fixierung unſeres jetzigen Sprach=
ſchatzes ſein, wobei freilich noch manches Kleinod fehlen wird; denn
es iſt meines Wiſſens das erſtemal, baß ein ſolcher Verſuch gemacht wird. Wir haben keine Wörterſammlungen, keine Litteratur=
denkmäler unſerer Mundart aus früheren Zeiten, an denen ſich
eine Vergleichung vornehmen unb feſtſtellen ließe, was eigentlich
ſtammhaftes Naumburgiſch iſt und was von auswärts eingeführt
iſt. Gar manches der aufgeführten Wörter wird ſich daher auch
außerhalb unſerer Vaterſtadt nachweiſen laſſen. Dazu kommt —
unb bas iſt wohl einer der Gründe, warum wir es zu einer
munbartlichen Litteratur nicht gebracht haben — baß trotz ſo vieler
Verſchiedenheiten unſer Dialekt nicht gar ſo erheblich wie manche
andere Mundarten von der Schriftſprache abweicht. Iſt doch dieſe
letztere in ihren Grundſtoffen aus dem Oberfränkiſchen erwachſen
ober gemacht, denn, wie der Sprachforſcher Behaghel ſagt, „die
Schriftſprache iſt ein Präparat, bas in der Natur nicht vorkommt,
ſowenig wie unſere Walbbäche beſtilliertes Waſſer führen“. Das
Oſtfränkiſche war aber wohl auch die Sprache jener Deutſchen, die
vom 9. bis 11. Jahrhundert vom Fichtelgebirge her die Elſter
unb Saale abwärts brangen und ſich in unſerer Heimat an die
Stelle der ſlaviſchen Wenden ſetzten.

Möge die Bedeutung unb der Wert munbartlicher Unter=
ſuchungen nicht unterſchätzt werden! Wie wir aus den Proben
lateiniſcher Volksſprache, die uns Petronius’ „Gaſtmahl des Tri-
malchio“ bietet, wertvolle Fingerzeige für die Kenntnis der latei-
niſchen Tochterſprachen entnehmen können, ſo kann auch die Bekannt-

schaft mit unserer Volkssprache für das Verständnis unserer mittelalterlicher Dichter, in weiterem Sinne sogar unserer Sagen und Göttererzählungen von Nutzen sein. Und wie für die Vergangenheit, so auch für die Gegenwart. Jene blutlose Erstarrung unserer Sprache, die wir als den „papiernen Stil" bezeichnen, mit all ihren krankhaften und entstellenden Auswüchsen kann — wie uns Uhland, Rückert, Fallersleben, Freytag gezeigt haben — nur geheilt werden, wenn unsere Schriftsteller aus dem Jungbrunnen unserer Mundarten schöpfen, aus dem ein unversiegbarer Strom neuer und lebensfähiger Formen, Bildungselemente und Bezeichnungen von anschaulichster und treffendster Darstellungskraft quillt. Das ist ein Nähr- und Lebensquell, in dem endlich auch der häßliche Wechselbalg der Fremdwörter ersticken muß, wenn die Schulsprache den Mut hat, aus dem Volksmunde manches alte gute Wort wiederaufzunehmen, das nur den Buchgelehrten erstorben zu sein scheint, während es doch im Verständnisse des Volkes noch kräftig fortlebt und kurz und erschöpfend mit anschaulicher Bildlichkeit Begriffsschattierungen ausdrückt, für welche jetzt die Schriftsprache langatmige und abgeblaßte Umschreibungen zu Hilfe nehmen muß. Wie recht hat doch Schmeller, wenn er ausruft: „Mir stehen die Mundarten neben der Schriftsprache da wie eine reiche Erzgrube neben einem Vorrate schon gewonnenen und gereinigten Metalls, wie der noch ungelichtete Teil eines tausendjährigen Waldes neben einer Partie, die zum Nutzgehölz durchforstet, zum Lusthain geregelt ist."